L'INSTITUT POLONAIS

SOUVENIRS & FRAGMENTS

1845 à 1895

PARIS

IMPRIMERIE ADOLPHE REIFF

3, Rue du Four, 3

1895

L'INSTITUT POLONAIS

L'INSTITUT POLONAIS

SOUVENIRS & FRAGMENTS

1815 à 1895

PARIS

IMPRIMERIE ADOLPHE REIFF

3, Rue du Four, 3

1895

A MADAME

LA COMTESSE DZIAŁYŃSKA

NÉE

PRINCESSE CZARTORYSKA

LES ÉLÈVES

DE L'INSTITUT POLONAIS

PRINCESSE,

Nous vous prions d'agréer, à l'occasion du cinquantenaire de la fondation de l'Institut polonais, ce modeste recueil, si imparfait et incomplet qu'il soit, et de vouloir bien le considérer comme un respectueux témoignage de reconnaissance, de la part des jeunes filles qui ont eu l'avantage et l'honneur d'être élevées à l'hôtel Lambert.

Fait uniquement pour vous, Princesse, ce travail n'a qu'une prétention : vous être agréable.

Il a peu de valeur littéraire, étant composé de souvenirs, de fragments, de réflexions que nous avons dû relier autant qu'il a été possible.

Quelques unes de nous y ont plus particulièrement collaboré, mais il est l'œuvre de toutes et c'est au nom de toutes qu'il vous est offert.

Si quelque tristesse envahit votre cœur, lorsque vous parcourrez ces lignes où vit le souvenir de ceux qui ne sont plus, puisse en même temps s'exhaler de chaque page, pour vous consoler dans le présent et vous faire espérer en l'avenir, l'immortel parfum de notre reconnaissance.

PREMIÈRE PARTIE

L'Institut Polonais depuis sa fondation jusqu'à la guerre de 1870.

1845 à 1857

I

C'est en 1845 que la Princesse Anna Czartoryska put enfin réaliser le projet qu'elle nourrissait depuis long-temps, de fonder une école où les filles des émigrés po-lonais, en même temps qu'elles feraient des études con-formes au programme des institutions françaises, seraient élevées dans l'amour de leur pays, dans le respect de ses traditions et de ses usages, où elles apprendraient sa langue et son histoire. Mariés pour la plupart avec des femmes françaises, en contact journalier avec des étran-gers, les émigrés ne pouvaient guère conserver à leur foyer le caractère national et leurs enfants, presque sans exception, sans l'initiative de la famille Czartoryski auraient été bien vite dénationalisés. Arrachés à leur patrie, dépouillés de leurs biens, jetés au milieu d'un monde nouveau, si sympathique qu'il leur fût à cette époque, les polonais eurent tous à soutenir une lutte âpre et pénible pour assurer leur existence et celle des leurs. Beaucoup d'entre eux se seraient vus dans l'im-possibilte d'élever leurs enfants d'une façon conforme à leur désir, souvent à leur naissance, de manière à leur ouvrir la carrière de l'enseignement, alors l'unique refuge des jeunes filles à qui la nécessité imposait la tâche de se créer une existence indépendante.

Les nombreuses élèves qui, pendant la longue période écoulée depuis la fondation de l'Institut se sont succédé sous le toit hospitalier de l'Hôtel Lambert, qui ont joui de l'affection et de la sollicitude maternelles de la famille Czartoryski, ne sauraient penser sans émotion et sans reconnaissance à ces heureuses années. Ce n'est que plus tard, au sortir de la pension, façonnée par la vie, aux prises avec ses difficultés, instruite par son expérience, que chacune de nous a pu se rendre compte de la grandeur du bienfait reçu, du dévouemnt infatigable et des efforts incessants que la princésse Anna a dû déployer pour fonder son œuvre d'abord, pour l'entretenir ensuite, la développer et la faire prospérer. Elle aurait pu, comme beaucoup de grandes dames de son rang, se contenter des obligations et des servitudes sociales inhérentes à sa haute position, elle ne l'a pas voulu ; il lui semblait qu'elle devait en quelque sorte faire partager sa vie et celle des siens à ces jeunes polonaises nées sur la terre d'exil. Toutes celles de mes anciennes compagnes qui ont eu le bonheur de la connaître, savent avec quel soin elle veillait sur nous, sur nos études, comme elle s'occupait de tous les menus détails qui nous concernaient, comme elle cherchait à nous procurer les plaisirs de notre âge en nous admettant dans la société de ses propres enfants, en nous conviant aux fêtes de famille, plus tard aux fêtes brillantes qui rendirent au vieil hôtel de Levau sa splendeur d'autrefois.

Être de naissance polonaise, au moins du côté paternel, était la condition essentielle et rigoureuse d'admission à l'Institut. La plupart des élèves payaient une pension en rapport avec la position et les moyens de leurs parents ; elle ne devait pas cependant descendre au dessous d'un certain chiffre, quelques-unes étaient admises gratuitement ; toutes devaient apporter un trousseau conforme au réglement. Le gouvernement français, condescendant au désir du Prince Czartoryski et de sa femme, accorda à l'Institut une subvention de 25,000 francs et la continua jusqu'à la guerre de 1870.

Quand je me reporte à ce temps si lointain, les souvenirs se pressent en foule à ma pensée. Je crains que ma plume impuissante ne parvienne à les retracer que bien imparfaitement, si présents qu'ils soient à mon cœur, en dépit des années et des événements de toute sorte qui se sont déroulés entre cette époque où jeune, heureuse, insouciante, j'attendais tout de la vie et celle où dans ce pays éloigné, entourée de mes enfants et de mes petits enfants, je me sens un peu désabusée, comme tout ceux qui ont vécu et souffert.

Je me rappelle comme d'aujourd'hui, le jour où ma mère m'amena à Paris de la campagne où elle habitait pendant l'absence de mon père, déjà à Constantinople et me confia à la Princesse Czartoryska. Elle, le Prince Adam, les Princes Witold, Ladislas et la princesse Iza étaient pour moi d'anciennes connaissances ; je me souviens vaguement du petit hôtel que l'illustre famille habitait au faubourg du Roule avant de s'installer à l'Hôtel-Lambert ; du grand jardin où la Princesse Iza voulait bien jouer avec moi et ma sœur et de certain bal d'enfants, où mes parents nous amenèrent déguisées en paysannes ukrainiennes. J'avais le cœur gros cependant en me séparant de ma mère, je me sentais bien isolée dans les vastes appartements que la Princesse avait distraits de son propre usage pour en faire des dortoirs, des classes, des salles que les élèves devaient bientôt animer de leur présence. Je regrettais l'abbaye de Jouarre où nous avions avec ma sœur Mika passé de si bons moments à courir à travers les vastes jardins, libres comme de jeunes chèvres, mangeant à

notre gré les fruits de ce paradis terrestre, malgré les
défenses des bonnes sœurs, défenses qui n'entraînaient
point de punition aussi terrible que la punition biblique.
Les premiers jours, accoudée au balcon du dortoir de
Madame, (ainsi nommé à cause du voisinage de la directrice de l'Institut), d'où l'on voyait la Seine, le pont
de l'Estacade, le pont d'Austerlitz, l'Ile Louvier, l'Ar-
senal, quartiers peu bâtis alors, je restais à rêver, pen-
sant aux prairies émaillées de pâquerettes où paissaient
de belles vaches qui tournaient la tête en nous voyant
passer, ce dont ma sœur Mika était toujours effrayée et
je me mettais à pleurer sans que personne me vît.

Cette nostalgie ne dura pas longtemps car je ne res-
tai seule que quelques jours. La première compagne
qui m'arriva fut Hedwige Oleszczyńska fille du graveur
de talent bien connu, nièce du sculpteur. Nous devions
marcher de conserve dans nos études. liées par une
étroite camaraderie pendant les années que nous avons
passées assises sur le même banc. Pas plus quo moi,
elle ne savait un mot de polonais; sa mère était française comme la mienne. Après elle, vinrent successivement Camille Kosiorowska, Valentine Wrotnowska,
Philippine Michalska, Anna Lubańska, Julia Stoltzen-
berg, Anna Gorecka, Marie Godebska, Victoria et
Emilie Borzęcka, Wanda Turowska, Hélène Jacewicz,
Léontine et Christine Miaskowska, Elvire Pikulska,
Hélène Malenkiewicz, Joséphine Podgórska, etc. Au
bout de la première année, nous étions déjà une quin-
zaine et les demandes d'admission arrivaient de toutes
les parties de la France.

Ma sœur entra à l'Institut un ou deux ans après moi,
à la même époque je crois que les deux sœurs Detkens,
Léontine Aszperger etc., mais elle habitait déjà l'Hôtel-
Lambert sans faire encore partie des élèves de l'Institut. La Princesse Anna dans sa grande bonté l'avait
gardée près d'elle, la faisant même coucher dans sa

chambre ; c'est sous la direction de la propre institutrice
de la princesse Iza qu'elle apprit les premiers éléments
de grammaire. Que de fois ma sœur s'est souvenue de
cet heureux temps ; et c'est les larmes aux yeux qu'elle
en parle encore. Toute petite, elle avait été l'enfant gâtée de la famille Czartoryski quand notre mère étant
malade, la Princesse Anna l'avait prise chez elle, tandis
que j'étais chez la Princesse Guedroyc.

Notre uniforme, choisi par la Princesse, se composait
d'une robe d'un bleu alors à la mode qu'on appelait
bleu de roi ou de France, d'un manteau noir, d'un chapeau de peluche noire doublé de rose pour l'hiver. D'un
chapeau de paille blanc garni de bleu, d'un mantelet
d'étoffe noire legère, pour l'été. Notre costume manquait d'élégance, nous nous en apercevions bien à sa
façon. Apparemment on ne voulait pas développer en
nous le sentiment de la coquetterie. Pour les fêtes et dis-
tributions de prix, nous revêtions des robes de mousseline blanche, ornées d'une ceinture flottante de ruban
bleu de ciel.

La Princesse Czartoryska, fondatrice de l'Institut,
était assistée d'un conseil d'administration dont le Prince
Adam, faisait partie et dont l'un des membres les plus
actifs était M. Adolphe Cichowski.

La directrice, choisie par la Princesse, approuvée par
le comité était Madame Szokalska, mère du Dr Szo-
kalski qui fut notre médecin jusqu'à l'époque de son départ pour Varsovie où il acquit une grande célébrité
comme oculiste. Madame Szokalska, petite de taille, très-
soignée dans sa tenue, avec ses cheveux blancs qu'elle
portait en grosses boucles, le long de ses joues, coiffée
d'élegants petits bonnets, douée d'une physionomie fine
et douce savait nous inspirer une certaine crainte fort
nécessaire avec de jeunes pensionnaires etourdies, gaies,
très-disposees aux espiegleries. Quand nous entendions
dans les corridors son pas trotte-menu et le bruit de son

trousseau de clefs, nous disparaissions au plus vite afin de ne pas nous trouver sur son passage. Nous éprouvions toujours quelque émotion, si notre conscience n'était pas tranquille, quand on venait nous dire : Mademoiselle une telle, Madame vous demande.

Madame Szokalska avait habité Varsovie avant la révolution de 1831, elle avait connu la société d'alors, suivi les événements qui avaient amené la catasthrophe finale, elle nous racontait ce qu'elle avait vu, ce qu'était la Pologne dans ce temps là, ouvrait notre âme à l'amour et au respect de cette patrie que la plupart d'entre nous ne devaient jamais connaître. Elle parlait imparfaitement le français, ce que nous ne manquions pas de relever avec la malice du jeune âge.

Il y avait déjà quelques années que j'étais à l'Institut, je cultivais le dessin avec passion, j'eus un jour besoin de quelques modèles qui se trouvaient chez M. Norblin, (notre professeur de dessin dont je parlerai plus loin). artiste distingué, mais bossu comme Ésope. J'allai chez Madame pour la prier d'envoyer chercher une bosse chez M. Norblin. Je vois encore sa figure stupéfaite et courroucée. « Une bosse, chez M. Norblin, Mademoiselle, et vous osez venir me dire une telle inconvenance ; remerciez plutôt le ciel de n'être pas contrefaite au lieu de vous moquer de votre professeur ! » J'eus toutes les peines au monde à lui expliquer ce qu'était une bosse en terme d'atelier. Elle avait les idées de son temps. Une fois le balcon de notre dortoir eut besoin de réparation ; nous étions en train de faire notre toilette ; quand on annonce le maçon. Nous nous récrions : « Mais nous ne sommes pas habillées ». Qu'est-ce que cela fait, mes enfants, un maçon n'est pas un homme ». D'un autre coté, quand nous nous présentions devant nos professeurs dans une tenue qui n'était pas tout à fait correcte, elle nous réprimandait sévèrement.

Madame Szokalska demeura directrice pendant

quelques années, puis alla rejoindre son fils a Varsovie. '

M. Adolphe Cichowski s'occupait spécialement des
réponses à faire aux demandes d'admission, de la correspondance avec les parents des élèves, des comptes.
Il avait pris son rôle très à cœur. Tous les jours, quelque temps qu'il fit, on le voyait arriver à la même
heure à l'Institut. Après une conférence plus ou moins
longue avec Madame Szokalska, il compulsait ses livres
et faisait sa besogne journalière. Quelques années après
la fondation de notre institut, il y amena sa fille, mais
non comme élève. Elle venait de Pologne où elle avait
grandi et fait son éducation. M. Cichowski avait pour
elle une véritable adoration ; je crois que les moments
les plus heureux de sa vie étaient ceux qu'il passait auprès d'elle dans la chambre qu'elle occupait tout au haut
du petit hôtel Lambert, annexé par la suite au grand hôtel, devenu insuffisant. — M. Cichowski s'intéressait
à chacune de nous, suivait nos progrès, en était fier, se
mettait en quatre à l'époque des fêtes et des distribu-
tions de prix. Lorsque je quittai la pension, il était encore à son poste, un peu blanchi, un peu voûté, mais
toujours zélé et dévoué.

Nos professeurs étaient : M. Kunat, de l'Université
de Wilna qui nous donnait des leçons d'histoire univer-
selle, de langue et de littérature polonaises. Il était petit de taille, sans barbe, sans moustaches avec de petits yeux gris bienveillants et pénétrants, des cheveux
d'un blond ardent, parmi lesquels on ne démêlait point
ceux qui grisonnaient : son âge était indéfinissable.
D'une grande bonté, indulgent, zélé, dévoué, infatigable, modèle de droiture et d'honnêteté, il s'était dévoué corps et âme à l'œuvre de la princesse. Je n'ai
qu'un reproche à lui faire, c'est de nous avoir fait apprendre par cœur l'histoire de la civilisation de Guizot
dont je n'ai pas retenu un traître mot. Il parlait assez

bien le français, mais n'avait jamais pu apprendre à dire
Mademoiselle, il disait « Mamzelle », ce qui nous amusait beaucoup avant que nous y fussions habituées.

M. Bronikowski enseignait l'histoire de Pologne et
aussi la grammaire polonaise, dans les classes infé-
rieures. Bien qu'il fût assez brusque, quelquefois emporté, je l'excuse aujourd'hui, car il lui fallait une forte
dose de patience pour inculquer les difficultés de la
langue polonaise à de petites cervelles récalcitrantes,
dont la plupart n'avaient pas été préparées à ce genre
d'étude par leur éducation familiale.

M. Norblin, dont le nom indique l'origine française,
était né à Varsovie et parlait le polonais ; il nous apprenait l'art du dessin et de la peinture. Très gai malgré sa
difformité, il ne manquait jamais son tour de valse ou
de polka dans les petites réunions que la Princesse or-
ganisait pour nous, invitant ses élèves à tour de rôle.
M. Norblin fut aussi professeur de la Princesse Iza.

M. Soliva, un italien parlant aussi le polonais, jadis
professeur au Conservatoire de Pétersbourg, où il avait
eu l'honneur de donner des leçons à la fille de l'Empereur Nicolas, la grande Duchesse Olga, nous apprenait
à chanter. C'était un petit homme sec, nerveux, vif à
l'excès, à la démarche saccadée au teint basané, aux
yeux et à la moustache d'un noir intense, s'exprimant
en français et en polonais avec un fort accent italien ;
très original, très brusque, très franc dans ses appré-
ciations, allant parfois jusqu'à la grossièreté, il ne se
gênait pour personne ; mais c'était un musicien accompli, un professeur remarquable. Un des souvenirs les
plus mortifiants de mon temps de pension est la façon
dont il me mit à la porte de son cours. « Allez, me dit-
il, prendre des leçons de Sultan », le bon terre-neuve
dont la niche était au bas de notre escalier. La nature,
je l'avoue, m'avait très mal douée sous le rapport musi-
cal. Mais être du chant, c'était s'assurer toutes sortes

de privilèges, prendre part à des concerts et aux répétitions qui les précédaient ; chacune cherchait à tirer parti du moindre filet de voix pour se faire admettre.

M. Soliva était capable de toutes les idées bizarres. Ne s'avisa-t-il pas un jour de composer pour une distribution de prix un morceau dont les trois parties étaient tenues par des chiens, des chats et des poules représentées par ces demoiselles... Boum, boum, miaou, miaou, cot cot dé : voilà les paroles du libretto.

Madame Dorville et sa fille, toutes deux nées à Varsovie, nous donnaient des leçons de piano, la première aux moins avancées, la seconde qui avait beaucoup de talent aux élèves mieux douées et plus savantes. Mlle Dorville nous plaisait beaucoup par sa douceur, son air de distinction et sa jolie figure.

Pendant les premières années de l'existence de notre institut, la Princesse Iza, voulant s'associer de fait comme de cœur à l'œuvre de sa mère, se chargea des leçons d'Anglais qu'elle donnait avec une ardeur, un sérieux et une régularité exemplaires. Ces leçons là avaient un charme particulier pour nous. La grâce, la beauté, l'élégance et le prestige de notre maîtresse excitaient notre émultation. Recevoir un blâme d'elle, était plus redouté qu'une sévère punition ; un éloge nous gonflait de joie. Nos cahiers, recouverts de papier moiré bleu de ciel, étaient mieux tenus, plus élégants que tous les autres. Par la suite, les élèves étant devenues plus nombreuses, les obligations sociales et mondaines de la jeune princesse s'étant multipliées, elle dut abandonner ces leçons qui furent confiées à une jeune dame française ayant longtemps séjourné en Angleterre.

M. Thierry, ancien directeur de ballet de l'Opéra de Varsovie, nous initiait à l'art de Terpsichore. Je le vois encore avec sa perruque blonde, bien frisée, recouvrant sa tête chauve, paré d'une cravate de couleur claire, tiré à quatre épingles, sortant de sa poche son inséparable petit violon, soigneusement emprisonné dans un sac de serge verte. Quand nous étions toutes rangées autour de lui, il accordait son instrument, puis lançait les phrases musicales qui accompagnaient nos croisés, nos assemblées, nos changements de jambe, etc.

Lui-même se mettait en position et tout en jouant sautait avec une légèreté remarquable pour son âge ; mais quels pieds il avait, bon Dieu ! couverts de cors et d'oignons qui défiguraient ses souliers vernis faisant creux et saillies ; tout cela pour les avoir probablement trop serrés au temps de sa jeunesse. Il traitait les danses de salon que nous étions avides d'apprendre, comme tout à fait accessoires et s'apprenant facilement, quand on était imbu des bons principes de l'art. Il nous redisait à tout propos sa phrase favorite : « Mesdemoiselles, la beauté passe, la grâce reste toujours. » Il avait l'œil partout ; gare ! si vous ne teniez pas la tête légèrement rejetée en arrière, le ventre effacé, les pieds selon les règles ; vous le voyiez fondre sur vous armé de son archet et le voilà qui vous contrefaisait en vous criblant de plaisanteries. Un jour il arriva au pauvre M. Thierry une plaisante histoire, à notre point de vue, bien entendu. En nous enseignant de savants entrechats, sa perruque, mal ajustée, tomba de sa tête, restée nue comme un genou. Depuis, oncques ne reparut son joli toupet, il eut le courage de sa calvitie.

Les cours de Français, d'Histoire de France, de Littérature, étaient faits par des institutrices munies de diplômes supérieurs et soigneusement choisies par la princesse ; quelques unes étaient des femmes distinguées, qui ont eu la meilleure influence sur nous. Celle dont j'ai conservé le plus précieux souvenir s'appelait Mademoiselle Boutet. Elle avait pris sur nous beaucoup d'ascendant, une simple observation de sa part valait une punition ; nous travaillions avec ardeur pour mériter un éloge. J'avais grande envie de lire les Martyrs de Châ-

teaubriand, elle hésitait à me satisfaire, à cause de l'é-
pisode de Velléda qu'elle ne croyait pas devoir mettre
sous mes yeux. Cédant à mes instances, elle piqua avec
une épingle les feuillets que je ne devais point lire.
L'idée ne me vint pas de jeter un regard curieux sur
ces pages défendues, tant j'étais fière de la confiance
que me témoignait notre chère maîtresse. Certes je
n'aurais pas pu supporter son regard si j'avais
menti à ma promesse. Fort instruite, parlant avec
une grande facilité, elle enseignait d'une façon
claire ; souvent elle nous faisait la lecture de sa belle
voix profonde et nous tenait sous le charme. Très haute
de taille, disgracieuse, marchant un peu comme un
homme, ses traits irréguliers n'avaient aucune beauté,
ses yeux seuls ornaient sa figure, grands, intelligents
et parlants. Elle avait des fanatiques parmi nous, je
crois que les élèves de ma génération ont dû conserver
d'elle un bon souvenir.

Elle ne nous quitta que pour prendre la direction
d'une Institution de jeunes filles à Nogent-sur-Marne.
C'est sous sa direction que je passai mon premier examen
à l'Hôtel de Ville, c'est à elle que je dus mon succès
dont le souvenir lointain me fait encore battre le cœur
avec les sensations d'autrefois.

Après elle vint Mlle Duez: celle-là grande, bien
faite, belle personne, (nous la surnommions Agrippine
moderne), aux manières élégantes, très instruite, mais
ne possédant pas ce je ne sais quoi par lequel sa devan-
cière avait conquis notre affection et notre respect. Plu-
seurs autres lui succédèrent, entre autres une méridio-
nale, Mlle Rouquayrol qui devait plus tard prendre la
direction de l'Institut : ce ne fut pas de mon temps.

Mme Pikulska, une française de Toulouse, fut
chargée de la classe des petites ; sa fille était une de
nos compagnes. Son habileté pour les travaux à l'aiguille
était remarquable, elle brodait sur le tulle, sur la soie,

comme une fée. La Princesse mit souvent son savoir faire à contribution pour l'aider dans les travaux qu'elle exécutait pour la vente au profit des pauvres polonais.

Les mathématiques, la physique, l'histoire naturelle nous étaient enseignées par différents professeurs, la plupart attachés aux lycées de Paris.

L'abbé Hube qui plus tard entra dans l'ordre des Pères Resurrectionnistes nous donnait des leçons de catéchisme et d'instruction religieuse. Doux, modeste, patient, il portait sa tête légèrement penchée sur l'épaule gauche, ce qui lui donnait un air souffreteux. Lorsqu'il fut appelé à Rome, le père Gagarin, un grand seigneur russe devenu jésuite le remplaça. Je n'ai gardé de lui qu'un souvenir assez vague, il était gros et fort avec une voix qui ne ressemblait en rien au doux murmure de l'abbé Hube. C'est lui, qui au cours d'un voyage en Syrie, passant par Damas, alla voir la célèbre Lady Digby Ellenborough qu'il avait connue jadis quand il était encore un brillant homme du monde; et la rencontrant, sur le seuil de sa porte, en costume bleu de femme arabe, prête à monter sur son chameau pour aller rejoindre sous la tente, le chéik, étrange mari qu'elle s'était choisi, lui dit en montrant son habit et le sien : je ne croyais point vous rencontrer un jour, moi, sous ce vêtement et vous sous celui que vous portez. Le père Gagarin ne fit guère que passer dans notre Institut, ce fut dorénavant un vicaire de notre paroisse qui se chargea du cours de religion, l'abbé Badiche. Il devait, quelques années après, fonder une maison religieuse dont j'ai oublié le nom, quoiqu'une députation de notre Institut ait assisté à l'inauguration de la chapelle du nouvel établissement, situé rue d'Enfer, dans une maison que Châteaubriand avait habitée. L'abbé Badiche était peut-être un prêtre très zélé, le modèle des vertus; il avait, à nos yeux, un grand défaut qui nuisait à son prestige; il était peu soigné, sa soutane était pleine de taches. Nous avions surnommé son domestique Pancrace.

Mme Gronostajska, allemande mariée à un polonais, commença un cours d'allemand qui fut vite interrompu, à cause, je crois, de la mauvaise volonté que nous mettions à le suivre. C'est aussi une allemande qui nous enseignait la gymnastique; ces leçons-là nous amusaient beaucoup à cause du costume de garçon que nous revêtions à cette occasion : pantalon, blouse de coutil bleu, large ceinture que nous serrions à qui mieux mieux pour avoir la taille fine.

Les études étaient subordonnées au programme universitaire adopté par toutes les institutions de filles de Paris; des inspectrices venaient à époques régulières visiter notre pension, emportant toujours l'impression la plus favorable de ce qu'elles avaient vu et entendu.

La Princesse Chartoryska avait voulu fonder une école de jeunes filles nobles à l'instar de celle qui existait à Pulawy avant la révolution de 1831. C'est elle qui en avait la haute direction, qui distribuait les éloges et le blâme; rien ne se faisait sans son ordre et son assentiment, elle entrait dans tous les détails. Quelqu'une de nous était-elle malade, elle venait la voir à l'infirmerie; fallait-il vacciner les élèves par mesure de précaution, leur arracher des dents, la Princesse était toujours présente comme une vraie mère. Je me rappelle avec quelle bonté elle me consola et me donna du courage un jour que je refusais de laisser percer un mal blanc dont je souffrais beaucoup. Très éprouvée par des migraines qui pour elle étaient une vraie maladie, accablée de devoirs mondains inhérents à sa haute situation et au rôle généreux de protectrice des pauvres polonais qu'elle avait pris, rien ne l'arrêtait dans l'accomplissement de la tâche qu'elle remplit jusqu'au bout; léguant à sa fille, si digne de la comprendre, le soin de la continuer dans la mesure du pos-

sible. Non contente de nous envelopper de sa sollicitude, elle nous appelait maintes fois à partager l'existence de sa propre famille; nous étions à tour de rôle
invitées à sa table; nos récréations avaient lieu dans
son propre jardin, sous ses fenêtres et elle ne se plai-
gnait jamais de nos cris assourdissants; nous jouions
aux barres, au chat et à la souris avec ses enfants et
ses parents. Le soir, elle nous réunissait dans ses
salons où nous dansions, nous jouions aux petits jeux,
nous combinions des charades; c'était une gaieté, un
entrain dont elle, le Prince Adam, la Princesse de
Würtemberg et la Princesse Sapieha étaient les indul-
gents spectateurs.

II

Il me semble encore voir ces trois illustres vieillards,
assis autour d'une table dans le salon à côté de la salle
à manger, attenant à une petite serre où chantait un
jet d'eau.

Le Prince dessinait des caricatures, des croquis que
la Princesse de Würtemberg ramassait soigneusement
et serrait dans le petit coffret contenant la charpie de
soie qu'elle partillait durant la soirée, quand elle était
lasse de poser des patiences; la Princesse Sapieha nous
jouait un air de danse pour nous mettre en train et puis
faisait d'interminables patiences de son côté; la Princesse Anna, assise près de sa lampe, penchée sur son
métier, faisait sortir de la soie ou du velours, des fleurs,
des oiseaux, des arabesques qu'elle groupait avec un
talent incomparable, car elle ne perdait jamais un
instant; c'est elle qui faisait la plus grande partie des
merveilleux ouvrages destinés à la vente au profit des
pauvres de sa nation. Quelques intimes venaient
prendre une tasse de thé, on se racontait les nouvelles
du jour, on les commentait, on parlait du passé, on

causait politique. Quand je fus en âge de les comprendre, j'écoutais avec avidité ces intéressantes causeries, conduites par ces intelligences d'élite. Un vieux savant français nommé Paravel était un des visiteurs de l'intimité; il parlait le chinois ou croyait le parler et s'étonnait de n'avoir pas compris le langage des Chinois qui avaient amené des vaches de leur pays pour le Jardin des Plantes, d'où il avait conclu que ces gens là parlaient le patois; on s'amusait beaucoup de cet original.

Le Prince Adam était déjà très âgé à cette époque; je ne l'ai connu que le front chauve, entouré d'une couronne de cheveux blancs. D'une taille au-dessus de la moyenne, le dos un peu voûté, il avait des traits nobles et bienveillants qui s'accordaient bien avec son grand air. Il était difficile de le voir sans l'aimer, de causer avec lui sans devenir son fidèle, tant on sentait en lui de cœur, de droiture, de bonté. Il recevait cordialement, avec des paroles qui allaient de son cœur à ceux de ses visiteurs, si bien qu'on se mettait naturellement à ses ordres; il y avait dans son attitude, quand il se trouvait au milieu de ses compatriotes, quelque chose d'un père de la patrie. Très poli, très aimable avec nous autres, petites pensionnaires, il ne manquait jamais, quand il nous rencontrait dans les corridors et les escaliers, de nous saluer avec cette politesse d'autrefois, ce qui ne laissait pas que de nous flatter beaucoup.

Le Prince Adam, doué d'une mémoire remarquable, nous posait des questions sur les dates, sur des faits d'histoire, sur la géographie, qui nous embarrassaient souvent, nous étonnaient toujours. Comment, si loin de ses livres d'étude, pouvait-il se souvenir si bien de ce que nous oubliions si facilement, quoique nous l'eussions appris la veille? Quand nous dansions, il aimait à nous regarder pour faire des remarques qu'il nous communiquait de la façon la plus courtoise. Il adorait sa fille dont il avait certes le droit d'être fier. Par ses traits, la Princesse Iza le rappelait tout à fait ; c'étaient les mêmes beaux yeux bleus, si doux et si profonds, le même nez à courbe aristocratique, la même bouche.

Souvent il accompagnait la jeune princesse dans ses promenades à cheval. Rien d'agréable et de touchant à voir comme ce beau vieillard et cette belle jeune fille, cheminant côte à côte, au pas de leurs chevaux. Quand, éclatante de grâce, de beauté, de parure, la Princesse Iza apparaissait au bal, éclipsant ses compagnes, les yeux de son père ne la quittaient point; on voyait qu'elle était la joie de sa vie.

La Princesse de Würtemberg, sœur aînée du Prince Adam avait épousé le Prince Louis, second fils du Prince Guillaume de Würtemberg, Comte de Montbelliard. C'était une vrai matrone polonaise, résumant en elle les traditions, les allures et l'esprit d'une époque évanouie. Digne, sérieuse lorsqu'il le fallait, gaie avec les jeunes, à l'esprit libre, spirituel, elle avait usé le temps qui ne l'avait pas usée; elle n'avait rien perdu de la grâce de son cœur et du sourire de son esprit. Sachant se conformer à chacun, elle s'approchait de préférence de ceux qui lui semblaient delaissé ou oublis. Elle aimait à raconter des histoires du temps passé; celles de nous qui ont su écouter et retenir, en ont autant appris en l'entendant qu'en lisant les mémoires de l'époque. Il ne m'a pas paru qu'elle eût été heureuse en ménage, elle-même ne s'en cachait pas, tout en appelant son mari qui s'est montré un triste personnage : « Mon pauvre Würtembergeois ». Aimant autour d'elle la jeunesse vive et gaie, elle nous poussait à nous amuser. Le costume qu'elle portait lui était tout à fait particulier : un vaste chapeau empire en forme de cabriolet, un châle de soie brodé, un tablier de soie, des mitaines, rien qui rappelât d'un peu loin la mode du jour. Elle marchait à l'aide de deux béquilles et cela seulement dans les appartements. Quand elle voulait faire une promenade autour de l'île Saint-Louis qui à cette époque semblait un coin de province, deux laquais la portaient dans un fauteuil, au grand ébahissement des gamins qui s'étonnèrent d'abord, puis vinrent à désirer ces sorties qui leur rapportaient toujours quelques piécettes d'argent.

La Princesse de Würtemberg habitait le petit hôtel Lambert, elle avait son chapelain qui disait la messe dans un de ses salons, où se trouvait un autel dissimulé derrière de grandes portes formant comme une armoire. Elle avait avec elle une amie qu'elle paraissait aimer beaucoup, la comtesse Beydale qui m'a laissé le souvenir vague d'une personne douce, résignée, d'humeur égale, semblant accablée par une souffrance qui n'avait pas cependant enlevé à son visage les traces d'une grande beauté. Elle mourut peu de temps après mon entrée en pension, d'une maladie impitoyable, un cancer au sein.

La Princesse Sapieha, née Comtesse Zamoyska, tante du Comte Ladislas Zamoyski, mère de la Princesse Anna, un peu plus jeune que le Prince et que sa sœur, était la raison, le bon sens, la droiture personnifiés. Vive, alerte, entendue en affaires, elle administrait la fortune de la famille avec l'aide de M. Charles Sienkiewicz et beaucoup plus tard de M. Żychoń. Elle dirigeait la maison, de concert avec la Princesse Anna, faisait les comptes avec l'intendant, avait des entrevues avec les fournisseurs, entrait dans tous les détails. Pendant quelques années, j'eus l'honneur de lui faire la lecture pendant certaines heures dont mes études me laissaient le loisir. Elle m'interrompait souvent pour me parler des personnages éminents qu'elle avait connus en Pologne; elle me racontait des anecdotes, des traits d'esprit; il lui arrivait bien quelquefo s de s'endormir et moi de m'arrêter alors; le silence la réveillait :

« A c't'heure, me disait elle, où en étions-nous ? » et je reprenais ma lecture jusqu'à ce qu'elle me congédiât.

Ces trois vieillards remarquables m'ont laissé un inoubliable souvenir. Bien souvent, quand j'évoque le passé, je les revois tels que je les ai décrits, se reposant avant de mourir, dans cette halte de la vie qu'on appelle une belle vieillesse. Ils étaient des jalons vivants du passé, laissés sur les ruines de la patrie.

Les Princes Witold et Ladislas, l'espoir et l'avenir de cette noble famille, remplissaient de leur jeunesse et de leur entrain la vieille demeure familiale; ils ne dédaignaient point de prendre part à nos jeux, le second surtout, car l'aîné, servant tantôt en Espagne, tantôt en Italie, était souvent absent et ne revenait que de loin en loin.

Le Comte Ladislas Zamoyski, neveu du prince, son collaborateur politique, était l'hôte journalier de l'Hôtel Lambert. De taille très élevée, mince et maigre, cavalier de haute mine sur les champs de bataille et dans les salons, il avait dû être fort beau avant les accidents qui l'avaient privé d'un œil, remplacé par un œil de verre, et du libre mouvement d'une de ses jambes, raide et comme en bois.

Polonais sincère, intelligent, homme d'un caractère sûr, persévérant et bien trempé, il était froid d'aspect, doctrinaire et n'attirait pas à lui les cœurs et la confiance. Il m'intimidait beaucoup plus que le Prince Adam, quand il s'informait si j'avais écrit à mon père et m'engageait à le faire, ou quand il nous posait des questions aux examens. Regardé comme le lieutenant du Prince Adam par l'émigration et par la diplomatie, il était lié politiquement avec la Société du 3 Mai qui ne l'avait pas en grande sympathie, car on enviait en général son crédit, son autorité, la supériorité de son intelligence que personne ne se serait avisé de contester.

M. Charles Sienkiewicz ne faisait point partie de la famille Czartoryski, mais lui était attaché par les liens du souvenir, de l'amitié et du dévouement. Il venait presque chaque jour à l'Hôtel Lambert pour conférer avec la Princesse Sapicha au sujet des affaires financières. Charles Sienkiewicz, connu par ses écrits, était un homme de grande valeur, doué des qualités qui, dans les circonstances favorables, font les hommes d'État, d'un cœur droit et noble, vrai représentant des vieilles vertus polonaises. Il n'était pas très populaire parmi le gros de l'émigration, à cause de sa franchise, de son éloignement pour toutes les coteries et les intrigues de ceux qui voulaient contrebalancer l'influence et la notoriété du Prince Adam. J'ai conservé de lui, de sa femme, de sa famille le plus attachant et le plus reconnaissant souvenir et n'oublierai jamais que jai été traitée par eux comme l'enfant de la maison. Chez eux, on donnait des soirées tout à fait ukrainiennes où l'on rencontrait Mickiewicz, Bogdan Zaleski, Kopczyński, Louis Królikowski, etc., la société la plus choisie parmi l'émigration et parmi les voyageurs du pays, de passage à Paris. Quand on franchissait le seuil de leur maison, on se fût cru à Kalinówka; tout y était satisfait : l'intelligence, les goûts de la jeunesse et l'appétit des gourmets.

Parmi les commensaux et les habitués de l'Hôtel Lambert, l'un des plus importants était M. Hypolite Blotnicki, secrétaire du Prince Adam, précepteur du Prince Ladislas, conseiller intime, image du dévouement et de la fidélité à la famille Czartoryski, pour lui, héritière et représentante des Jagellons, et dans laquelle il personnifiait son amour pour son pays et son espoir en ses destinées.

Puis le capitaine Trzeciak, une curieuse personnalité dont le type a disparu au milieu des bouleversement et des transformations de la société. Vieux héros des guerres de Napoléon, décoré de la Légion d'honneur sur le champ de bataille d'Auerstadt, gentilhomme de bonne souche, il s'était attaché aux Czartoryski comme si ceux-ci eussent eu encore leur position quasi royale, leur cour de Pulawy.

C'était un vieillard aux énormes moustache grises, aux sourcils embroussaillés, retombant sur de petits yeux bleus, enfoncés dans leurs orbites; au teint rouge, tournant au violet; ce qu'il avait d'absolument remarquable c'était son nez, orné d'une formidable verrue qui paraissait en former un second.

Très doux, très bon, malgré son air martial, chaussé des vieux souliers vernis du Prince Adam, revêtu de ses redingotes réformés, ganté de gants blancs de gendarme dans les grandes occasions, il faisait, en maître de cérémonie, les honneurs aux invités de la Princesse et du Prince, ayant des égards particuliers pour les hommes politiques et les personnages de la cour. Les jeunes Princes, la Princesse Iza surtout, étaient les objets de son culte, il leur témoignait en toute occasion son attachement et son respect sans servilité et sans bassesse, ce qui parfois était un peu gênant comme en fera foi le petit épisode qui me revient à l'esprit. — Un jour, la Princesse Anna qui voulait faire des emplettes, m'avait emmenée avec elle; au retour, nous avions pris bourgeoisement l'omnibus; les grandes dames ont quelque fois de ces fantaisies qui les rapprochent momentanément de leurs semblables moins privilégiés qu'elles. Elle m'avait bien recommandé de ne pas lui donner son titre qui aurait fait tourner la tête de ses compagnons de route.

Elle s'amusait à écouter leurs conversations, à les observer, quand le véhicule s'arrête et qui voyons-nous apparaître? La tête de ce brave capitaine Trzeciak. A la vue de la Princesse, il se découvre, ne veut pas s'asseoir et fait si bien que gênée par ces hommages

intempestifs, elle s'empressa, toute confuse de descendre
de l'omnibus. — Une fois par an le capitaine Trzeciak
remettait son costume de lancier de l'Empire pour aller
avec la poignée de vieux braves, survivants de l'épopée
impériale, déposer une couronne aux Invalides sur la
tombe de leur Empereur resté leur dieu.

Les gamins, en voyant passer ces héros vieillis, dans
ces costumes surannés illustrés sur tant de champs de
bataille, les appelaient irrévérencieusement les vieux
de la vieille, sobriquet qui n'entamait point leur bonne
humeur et n'atteignait point leur dignité, car l'ironie de
l'appellation cachait de l'admiration pour ces vieux dé-
bris.

Le capitaine Trzeciak mangeait à la table du Prince
Adam. Son antagoniste qui, lui, ne jouissait pas du
même honneur, quoiqu'il appartint aussi à la maison,
se nommait Innocent Drogoń. Il était chargé spécialement des courses, des emplettes de la Princesse Anna,
lui retirait sa fourrure ou son manteau quand elle ren-
trait, l'aidait à descendre de voiture quand elle n'avait
pas de cavalier. On ne peut imaginer quelque chose de
plus laid que ce brave homme, petit de taille au point
de paraître presque nain, criblé de marques de petite
vérole, avec un nez comme une pomme de terre, des
yeux à peine visibles s'ils n'avaient pas été brillants et
toujours en mouvement. Tiré à quatre épingles, portant des gilets et des cravates de couleurs invraisem-
blables et des gants blancs les jours de réception, il
avait la plus haute opinion de sa personne, s'imaginant
avoir beaucoup de succès auprès des dames et s'en van-
tant sans vergogne. Avec cela, il était susceptible à
l'excès, se croyait poète et faisait des vers où il était
toujours question de sentiment, de soupirs et d'a-
mour.

Il n'y avait aucune sympathie entre lui et le capitaine
Trzeciak. Drogoń critiquait les chemises et les gants

d'un blanc douteux du capitaine, ses redingotes grais-
seuses; celui-ci traitait son ennemi, si le mot n'est pas
trop fort, de nain et d'avorton. Cette lutte courtoise
n'allait jamais au delà de ces innocents coups de
patte.

Il y avait alors, dans l'émigration, un poète bien
connu de tous : François Grzymała dont la taille et la
figure offraient beaucoup d'analogie avec celles de Drogoń; les proportions seules étaient différentes ce qui fit
dire à quelqu'un que Drogoń était le glaive et Grzymała
le fourreau. Tous les deux faillirent suffoquer de colère
et d'indignation. Chacun se croyait un Adonis en se
comparant l'un à l'autre.

Drogoń était excessivement exact et remplissait à la
lettre les recommandations qui lui étaient faites. Il lui
arriva même de ce chef un plaisant malentendu. Le
Prince Witold affectionnait un tabac que son odeur
désagréable avait fait surnommer Assa-fœtida par les
princesses. Pendant qu'il était en villégiature dans sa
terre de Changy, en Bourbonnais, après son mariage, il
écrivit qu'on lui envoyât de l'assa-fœtida et quelques
objets de toilette dont la princesse, sa femme, avait besoin. Drogoń, prenant le mot à la lettre, acheta la quan-
tité convenue d'assa-fœtida, l'emballa avec les objets
destinés à la jeune princesse et expédia le tout à Changy.
Après la déception du déballage, le prince Witold et sa
femme rirent comme des fous. Le pauvre Drogoń pensa
en faire une maladie.

M. Léonard Niedźwiecki secrétaire du comte Zamoyski, plus tard conservateur de la bibliothèque nationale
quand elle fut transportée quai d'Orléans, était un des
fidèles de l'Hôtel Lambert. Original s'il en fut, polonais
ardent, catholique convaincu, méticuleux, systémati-
que, il avait fait deux parts de sa vie, l'une consacrée
à la famille Czartoryski et à son service, l'autre à Hœné
Wroński dont il était le plus fervent adepte. Il avait

pris à tâche de répandre dans le monde savant les œuvres de cet homme de génie incompris encore, précurseur de découvertes qui ne devaient être révélées au monde que bien après lui. Il était en relation avec Mademoiselle Comettant, toute dévouée à l'œuvre laissée inachvée par le maître, qui l'avait initiée à ses travaux. M. Niedzwiecki publiait des brochures sur Wroński, en parlait à tout le monde, même à ma sœur et à moi qui n'y comprenions rien et dont il voulait faire des disciples. — Il portait des vêtements de formes immuables; je crois que la mort a dû le surprendre enveloppé de certaine grande rotonde de drap qu'il drapait à l'espagnole.

Johan, le fidèle valet de chambre du prince Adam, mérite une place modeste dans cette petite galerie. C'était un allemand qui, si je ne me trompe, était encore en Pologne, attaché à la personne du Prince. Bourru, grognon, ne parlant aucune langue convenablement, il mêlait le polonais à l'allemand dans un charabia difficile à comprendre.

Sa mort fut très malheureuse; en descendant un escalier, il renversa sur lui l'eau bouillante d'un samowar. Malgré les soins qui lui furent prodigués, il mourut dans de grandes souffrances, la gangrène s'étant mise dans ses plaies; il fut plaint et pleuré par ses maîtres qui avaient su apprécier son dévouement.

Parmi les femmes qui, a des titre divers étaient attachées à l'Hôtel-Lambert, vient en première ligne Mademoiselle Benoît, ancienne institutrice de la princesse Iza, femme d'une intelligence supérieure, d'une profonde instruction, d'un jugement sain et net pour qui la famille avait beaucoup d'égards et de considération. On parlait librement de tout devant elle et on la consultait dans beaucoup de cas. Elle m'a laissé l'impression d'une sorte de Madame Campan, pendant quelque temps, elle nous donna des leçons d'histoire de France et son souvenir est associé chez moi à celui des rois Mérovingiens dont elle nous fit étudier les règnes dans leurs plus fastidieux détails.

D'aspect docte et sévère, elle nous inspirait plus de crainte que d'affection. Les jeunes princes qui partageaient peut-être notre manière de voir lui faisaient parfois de ces bons tours de collégien que l'on aime à se rappeler. Mademoiselle Benoit avait grand'peur des souris; ses élèves s'imaginèrent un jour de lui faire remettre, dans le salon, quand tout le monde y était réuni, un colis soigneusement ficelé que le facteur venait, disait-on, d'apporter. Un colis qui vous vient on ne sait d'où, c'est toujours fait pour allécher la curiosité. Mademoiselle Benoit délie les ficelles, ouvre les papiers, la boîte qu'ils contenaient, d'où s'échappe la plus jolie souris du monde, heureuse de recouvrer sa liberté et cherchant, en hâte, sur ce parquet ciré, une issue pour se sauver. Mademoiselle Benoit faillit se trouver mal. Quand elle quitta l'hôtel Lambert ce fut, après avoir passé quelques années en Pologne, pour établir et diriger une institution de jeunes filles à Reims.

Mademoiselle Rousset, une française qui cultivait la peinture avec un certain mérite, était attachée spécialement à la princesse Iza. Elle travaillait avec elle dans le joli atelier où celle-ci passait ses heures de loisir à peindre et à sculpter, sous la direction de M. Norblin.

Les allures et les costumes de Mademoiselle Rousset qui portait ses cheveux courts, à la Titus, avaient quelque chose d'absolument masculin; Très dévouée à la famille Czartoryski, elle rendait mille services; apte à tout, avec un goût artistique sûr, elle était inappréciable quand il s'agissait d'organiser des bals, des ventes, des concerts de charité, des représentations théâtrales. Les princes l'appelaient familièrement Roussette.

Enfin pour terminer la nomenclature des commensaux

de l'hôtel Lambert, citons encore mademoiselle Wolska
que les jeunes princes appelaient Wola. C'était une
vieille personne, portant des bonnets ruchés, des lu-
nettes et d'humeur un peu bougonne. Vieille épave de
l'entourage princier de Puławy, elle avait suivi ses
maîtres en exil, évoquait toujours le temps passé et ses
splendeurs, comparait l'hôtel Lambert au palais que les
Czartoryski habitaient dans leur pays, leur train de
maison d'autrefois avec celui d'aujourd'hui et les trou-
vait.fort à plaindre.

La garde-robe, la lingerie, les femmes de chambres
étaient placées sous sa haute direction. Comme elle
nous grondait, quand dans nos grandes parties de cache-
cache, nous pénétrions au milieu des robes des princesses, sans égard pour les falbalas et les dentelles.
Tout le monde lui témoignait les égards dus à son grand
âge et à ses services. J'allais oublier Brugnot, le portier,
fidèle cerbère de l'hôtel Lambert pendant des années.

Un souvenir aux créatures plus humbles, associées
aussi à notre existence, aux deux grands chiens de
Terre-Neuve: Sultan et Sultane, si beaux avec leurs
longs poils soyeux, leurs oreilles frisées, dont la niche
était placée au bas de notre escalier. Nous aimions toutes ces braves animaux ; la mort de Sultan que l'on
annonça au comte Ladislas Zamoyski un jour qu'il venait
à l'hôtel Lambert, donna lieu à une méprise amusante.

Préoccupé, distrait, absorbé par des combinaisons
politiques — (c'était à l'époque de la guerre d'Orient),
le comte crut, lorsque Brugnot lui annonça d'un air
contristé la mort de Sultan, qu'il s'agissait de la mort
du Sultan Abdul-Médjid. Tout ému, il accourut auprès
du prince Adam qui avait, en ce moment, quelques visiteurs. La tête pleine des complications que la mort
inattendue du souverain de la Turquie pouvait amener,
il entama un long discours qu'on eut toutes peines du
à interrompre. Jugez si l'on rit !

Outre Sultan et sa femme, il y eut, pendant un temps, un petit chien que les jeunes princesses appelaient Djéry, diminutif de Jérémie ; j'ignore pourquoi on lui avait donné un nom si lamentable. Il circulait dans les salons, amusait tout le monde par ses gentillesses et ses drôleries ; cependant il ne jouissait pas de nos sympathies, parce qu'il était malicieux et agressif, comme le singe, son camarade. Celui-ci en avait particulièrement contre le pauvre Drogoń ; un jour que le fidèle messager de la princesse rapportait un riche éventail qu'elle lui avait confié pour le faire raccommoder, le singe se jeta sur lui, se mit à lui tirer les cheveux, à le houspiller de la belle façon. Effrayé, furieux, le pauvre homme perdit son sang-froid et se servant du précieux éventail pour se défendre, le mit en morceaux.

Désespéré à la vue de ce dégât involontaire, Drogoń était inconsolable et ne parlait de rien moins que de tordre le cou à son agresseur. Il fallut que la princesse, avec sa bonté ordinaire, le consolât de cette mésaventure.

Le malheureux singe périt misérablement, victime de sa gourmandise, il but l'huile des lampes ! Personne ne le regretta.

L'hôtel Lambert, point de réunions de tous les membres de la famille du prince Czartoryski, les vit défiler les uns après les autres, soit qu'ils en fussent les hôtes momentanés, soit qu'ils n'y fussent que de passage. C'est ainsi que nous connûmes les comtes et les comtesses Zamoyski et leurs enfants, les princes Sanguszko dont j'eus le plaisir de revoir l'un d'eux l'année dernière à Constantinople; leurs sœurs la princesse Hedwige et la princesse Hélène, célèbre par sa beauté ; les princes et les princesses Sapieha, la princesse Marceline Czartoryska, cette admirable artiste, la plus parfaite élève de Chopin ; son fils Marcel avec qui nous avons

fait tant de bonnes parties. Nous avons eu l'honneur
et le bonheur de voir et d'entendre le divin Chopin ;
malheureusement la plupart d'entre nous étaient trop
jeunes pour l'apprécier et le souvenir m'en est resté
bien vague. Petit de taille, le visage rasé, les cheveux
longs, paraissant de tempérament gai, il aimait à plai-
santer au milieu du cercle de grandes dames, ses admi-
ratrices, dont il était le favori. C'est à son enterrement,
à l'église de la Madeleine que nous entendîmes pour la
première fois sa fameuse *Marche funèbre*. Je me souviens encore avec une vivacité singulière de la sensation que me firent éprouver ces lamentations sublimes,
ces cris de douleur, rendus par une orchestre admirable;
il me semble voir encore le cortège funèbre dans lequel
figuraient la comtesse Delphine Potocka, la princesse
Marceline Czartoryska, la princesse de Beauvau et
d'autres encore en longs vêtements de deuil.

Parmi les habitués de l'hôtel Lambert, je me rappelle
M. Morawski, ancien ministre des affaires étrangères,
élégant et distingué de manières, le général Chrza-
nowski, déjà de retour de sa mission en Orient où, sous
le nom de général King, il était arrivé trop tard pour
prendre part à la bataille de Nézib ; M. Plichta dont la
fille était l'amie intime de la princesse Iza ; M. Barzykowski, à l'aspect plein de dignité; le comte Bystrzonowski, major dans l'armée polonaise, commandant
l'escorte du général Skrzynecki, pendant la campagne
de 1831, homme instruit, au courant des affaires nationales, fréquentant la haute société qui l'accueillait
très bien ; général en Turquie, pendant la guerre de
Crimée, il prit le nom d'Arslan-Pacha. Sa sœur, la
comtesse Camille était tout adonnée à la piété et aux
bonnes œuvres. N'oublions pas le colonel Breański officier de 1831 qui, lui aussi, servit le Sultan sous le
nom de Chalim-Pacha ; les frères Jełowicki (dont l'un
devint prêtre de l'ordre des résurrectionnistes), qui

avaient grandi en importance par leur association avec
l'habile Eustache Januszkiewicz et l'établissement d'une
librairie polonaise qui rendit à l'émigration des services
signalés ; le grand poète Mickiewicz que nous regardions avec respect et admiration ; la princesse Cuné-
gondeGuedroyé, mariée à M. Białopiotrowicz, mais gar-
dant son nom de famille, ancienne dame du palais de
l'Impératrice Joséphine, très attachée au souvenir et à
la famille de Napoléon, d'un caractère hardi, imposante,
très active, aimant à rendre service à ses compatriotes
et à ses amis. Elle avait beaucoup d'amitié pour la famille du prince Adam, mais était en continuel désac-
cord avec le comte Zamoyski. Ni l'un ni l'autre ne per-
daient l'occasion de se lancer quelques pointes mali-
cieuses. C'est ainsi que le comte Zamoyski affectait de
l'appeler madame Białopiotrowicz par une teinte distraction qu'il réparait aussitôt, et qu'elle ne manquait pas
de lui demander des nouvelles de sa nièce quand le
comte eut épousé mademoiselle Działyńska, fille de sa
sœur. M. Janusz Woronicz, employé à la chancéllerie
du prince Czartoryski, puis envoyé en Orient où il se
tint à la disposition de mon père, qui dirigeait l'agence
polonaise de Constantinople ; la comtesse Czarkowska
et son mari M. Cyrille qui la suivait en boitant, M. Żwier-
kowski, connu sous le nom de Lenoir, à Constantinople
et en Serbie où l'agence polonaise l'envoya en mission ;
sous celui de Karakrak-bey au Caucase, où une balle
circassienne qui resta depuis dans son côté, faillit le
tuer.

Il serait trop long et ce serait sortir de mon sujet que
d'énumérer tous les personnages en vue de l'époque,
qui passèrent par les salons de la princesse Czartoryska;
cependant je ne dois pas passer sous silence nos deux
élégantes compatriotes qui éblouirent Paris de leur
beauté et de leurs succès ; les deux sœurs : la comtesse
Przezdziecka et la comtesse Szwejkowska. Je revis la

dernière bien des années après, mariée au marquis de Noailles, ambassadeur de France à Constantinople, mais épaissie, vieillie, ne rappelant que par un effort de mémoire, la radieuse apparition restée gravée dans mes lointains souvenirs de pensionnaire. Le père Lacordaire venait parfois s'asseoir à la table du prince Adam. Un soir d'été, après dîner, tout le monde était réuni au jardin où l'on prenait le café tandis que nous jouions, selon notre habitude. Je passais près des convives, quand la princesse m'appela pour me présenter à l'illustre dominicain qui avait beaucoup connu mon père à Rome. Il demanda la permission de m'offrir un canard... Que j'ai donc été fière de cette insigne faveur! Si fière que je m'en souviens encore aujourd'hui.

III

L'année scolaire commençait le 1er octobre, pour finir entre le 26 juillet, jour de fête de la Princesse Czartoryska et de sa mère, et le 1er août. Tous les matins levées à six heures au premier coup de cloche, nous faisions rapidement notre toilette, nous disions notre prière en commun, nous mangions notre soupe quotidienne, et à huit heures, nous entrions en classe où les leçons et les études se succédaient. A midi, déjeûner composé de deux plats, récréation jusqu'à une heure et demie, classe jusqu'à six heures coupée par le goûter; souper composé de deux plats, récréation, étude du soir, coucher à neuf heures. La cuisinière de notre Institut était une robuste alsacienne dont la cuisine ne nous plaisait pas toujours. Il arriva une fois que, révoltées contre certaine salade de haricots rouges qui revenait trop souvent à notre gré, nous murmurâmes assez haut pour que la Princesse l'entendît. Pleine de sollicitude et de bonté pour nous, mais désirant en même temps sauvegarder le principe d'autorité, elle imagina de venir s'asseoir à notre table et de déjeûner avec nous. On servit la fameuse salade, la Princesse en goûta, la déclara très bonne; nous la regardions sous cape admirant son sérieux. A partir de ce jour là, on fit quelques changements dans notre menu.

Les jeudis et les dimanches nos parents étaient autorisés à venir nous voir au parloir; c'étaient de bons moments, toujours impatiemment attendus. Tous les premiers samedis du mois, nous sortions; nous passions la journée du dimanche chez nos parents, chez nos correspondants et le soir nous rentrions à l'Institut. La Princesse tâchait de procurer des distractions à celles d'entre nous qui n'ayant personne pour les faire sortir demeuraient à la maison.

Les dimanches et les jours de fête, nous allions à la Messe à notre paroisse de Saint-Louis en l'Ile dont le curé M. Hubaut Malmaison était un vénérable vieillard si petit de taille qu'il devait se hisser sur ses pointes pour atteindre l'autel. D'humeur gaie et causante, il avait vu de terribles évènements dans sa jeunesse; il avait même, si je ne me trompe, échappé aux massacres de septembre pendant la grande révolution; mais ces heures néfastes étaient si loin de lui!

Les jeudis et les dimanches, nous allions nous promener au Jardin des Plantes; nous nous arrêtions toujours avec plaisir devant le palais des singes, la fosse aux ours, les cages des bêtes féroces, le parc de l'éléphant, les châlets des biches, environnés de gazon verdoyant. Nous connaissions tous les coins et recoins de ce beau jardin, ses musées, ses collections auxquels les plus grandes s'intéressaient, et le cèdre du Liban, but de nos courses, au pied duquel on vendait des sucres d'orge, des pains d'épice, des chaussons aux pommes. Les branches immenses abritaient sous leur ombre notre pension entière, nous nous reposions sur le banc qui entourait son tronc colossal. Au sommet du labyrinthe, nous mettions l'œil au télescope et nous admirions la Seine, ses méandres et le merveilleux panorama de Paris.

La Princesse Anna désirait que les études faites dans son Institut eussent pour couronnement l'examen de premier degré passé à l'Hôtel-de-Ville. La première qui eut à subir cette épreuve qui nous paraissait alors si redoutable fut moi. J'avais seize ans, j'étais fort timide, émotionnée au dernier point. Je crois bien que la Princesse Anna l'était autant que moi, car il s'agissait de l'honneur de son Institut. J'eus la chance de réussir; ce fut un des plus beaux moments de ma jeunesse studieuse. La Princesse et sa famille me comblèrent de bontés à cette occasion. Je fus invitée à dîner, conduite au théâtre, citée comme un modèle à suivre. Bien d'autres ont depuis passé l'examen du premier et du second degré avec tout autant de succès, car les études étaient fort bien dirigées dans notre maison qui pouvait rivaliser avec les meilleures institutions de Paris, nous donnant en plus, cette éducation fine que nous acquérions tout naturellement dans le milieu où nous vivions.

A l'origine, toutes les élèves étaient filles d'émigrés; mais vint un moment où la réputation de notre Institut s'étant répandue en Pologne, il nous arriva du grand Duché de Posen, de Galicie, des compagnes qui donnèrent à notre pensionnat un cachet plus national encore. Ces demoiselles arrivaient avec une connaissance très imparfaite de la langue française dans laquelle elles ne tardaient pas à se perfectionner. Revenues chez elles, elle ne contribuaient pas peu à établir notre bonne renommée. Dire que l'on sortait de l'Hôtel Lambert équivalait à un brevet d'instruction solide et de belles manières.

Plusieurs dates avaient une grande importance pour nous qui les attendions avec impatience et les voyions

revenir avec un vif plaisir. C'était d'abord le 19 novembre, jour de la Sainte-Élisabeth, fête de la Princesse Iza. Après la Messe, quand nous allions lui porter
nos souhaits et le petit cadeau collectif que nous lui
avions préparé, nous étions admises à admirer les
nombreux et riches présents, exposés sur une grande
table dans un salon du premier étage. C'était plaisir de
voir la jolie figure de notre chère maîtresse d'anglais,
rayonnante de joie et de gaîté.

Le 24 décembre, fête du Prince Adam; Messe dite à
la paroisse devant une nombreuse assistance, composée
des membres de la famille du Prince, de ses amis, de
l'émigration qui le regardait comme son chef ostensible
et son représentant aux yeux des étrangers. Après la
Messe, rendez-vous à l'Hôtel Lambert pour féliciter
l'illustre vieillard qui trouvait un mot aimable pour
chacun et paraissait toujours touché des hommages
qu'on lui rendait si spontanément.

A Pâques, une grande table était dressée au milieu
du grand salon du rez-de-chaussée, couverte des mets
des viandes, des pâtisseries traditionnels, selon l'usage
qui de temps immémorial, réunit en Pologne autour
du repas pascal tous les parents, tous les amis de la
famille. Plus celle-ci occupe une haute situation, plus
sa notoriété est grande, plus la foule est nombreuse qui
assiste à ces agapes fraternelles. Quand le prêtre avait
béni la table, le Prince, les Princesses, les jeunes
princes, partageaient les œufs durcis avec tous les
assistants.

A cette occasion, on voyait réunis dans les salons de
l'Hôtel Lambert les membres les plus considérables de
l'émigration, les polonais non émigrés, de passage à
Paris qui se faisaient un devoir et un honneur de venir
saluer le vénérable chef de la nation en exil. Quand il
ne restait plus que les parents, les intimes et nous
autres, quelqu'un s'asseyait au piano, jetait les préludes

d'une mazur et l'on se mettait à danser avec cet entrain que je n'ai rencontré qu'en Pologne et dans les sociétés polonaises.

A la fin du mois de juillet avait lieu sous la présidence de la Princesse Anna, la distribution solennelle des prix, précédée d'un court examen, de déclamation en français, en polonais, de morceaux de piano et de chant exécutés par les élèves dont quelques-unes avaient beaucoup de talent. Nos dessins, nos cartes géographiques, nos travaux à l'aiguille étaient exposés dans un salon spécial.

Ce jour là, vêtues de blanc, avec des ceintures flottantes de ruban bleu, nous attendions, anxieuses et frémissantes la récompense de notre application et de nos efforts. L'assistance était choisie et nombreuse.

Que ces années sont donc loin! Qui nous rendra les sensations que nous éprouvions alors, faites de joie sans mélange, d'orgueil légitime, quand, chargées de livres et de couronnes, nous allions remercier et embrasser les princesses, saluer nos professeurs en passant au milieu de la foule de nos compatriotes attentifs et touchés. Puis commençaient les vacances avec leurs journées délicieuses de liberté, la faculté de se lever à l'heure de son choix, une des jouissances les plus appréciées des écolières; les courses dans les champs, quand nos parents habitaient la campagne.

Les princes et les princesses se dispersaient à leur tour et le vieil hôtel Lambert, devenu silencieux, ne nous rouvrait ses portes que le 1ᵉʳ octobre.

Trois anniversaires avaient une importance patriotique : Ils étaient destinés à réchauffer les âmes, à entretenir en elles le souvenir de la patrie, à relever les courages abattus, à réveiller les espérances, si souvent déçues, d'un avenir meilleur, à grouper les Polonais autour de leur chef, à jeter un coup d'œil sur les événements politiques afin d'en tirer les meilleures consé-

quences pour le bien de la Pologne. C'étaient le 29 novembre, jour anniversaire de la révolution de 1831, le
3 Mai, anniversaire de la Constitution et le 21 Mai consacré au pélerinage national de Montmorency.

On célébrait les deux premiers par une messe dite à
la chapelle de Saint-Roch, puis à l'église de l'Assomption, toutes deux affectées au culte des Polonais. L'abbé
Jelowicki, l'abbé Kaisiewicz ou quelque autre prêtre
Résurrectionniste prononçait un sermon en polonais ap-
proprié à la circonstance. Dans l'après-midi, tous les
membres de la Société littéraire et historique polonaise
se réunissaient à l'hôtel Lambert, dans la galerie d'Hercule.

Le prince Adam qui en était le président ouvrait la
séance par un discours dans lequel il passait en revue
les faits saillants de la politique, pouvant intéresser la
cause polonaise; il appelait l'émigration à la concorde,
à l'action en commun, au travail incessant pour sauvegarder la nationalité et rester digne du passé.

Le prince Adam utilisait sa position au profit de la
consolidation de l'ordre et de l'union parmi ses compatriotes. Il est évident qu'une autorité quelconque, fût-
elle due à un concours de circonstances fortuites, pourvu
qu'elle fût loyale et sans tache, était une combinaison
heureuse pour les représentants dispersés d'une cause
vaincue. Ce fut le grand mérite de ceux qui en furent
les promoteurs, la comprirent et la mirent en avant.
Groupés autour d'une position déjà existante, soumis à
une direction reconnue, les Polonais, représentant un
principe et une force, pouvaient faire preuve de vie, se
faire écouter et considérer. Ils furent certainement cou-
pables ceux qui, égarés par différentes doctrines, for-
mèrent plusieurs camps parmi l'émigration; ils nuisi-
rent aux intérêts de la nation, affaiblirent son prestige
Eux, qui dans les derniers temps de leur existence politique avaient donné le spectacle de l'anarchie, des di-

visions, de la lutte des personnalités, devaient, frappés
par l'adversité, se montrer unis sous l'égide du chef
vénérable que l'ancienneté de sa race, les services rendus désignaient à tous. Le prince Czartoryski, malgré
les dissidences et les oppositions, était le mandataire
du pays, le plénipotentiaire diplomatique de la cause
nationale auprès des puissances étrangères, au moins
aux yeux du parti que l'on peut appeler conservateur.

Dans ces assemblées, on rencontrait M. Barzykowski,
Théodore Morawski, Morozowicz, les généraux Chrza-
nowski, Dembiński, Bem, Gawroński, Konarski,
Sznayde, le colonel Bréański, le comte Bystrzonowski,
Adam Mickiewicz, Christian Ostrowski, Januszkiewicz,
Bohdan Zaleski, Antoni Gorecki, Godebski, les frères
Oleszczyński, Louis Królikowski, Charles Sienkiewicz,
Albert et François Grzymała, les jeunes gens de l'école
d'application de Montparnasse, etc. En se retirant, chacun avait la sensation d'avoir passé quelques heures
dans une atmosphère polonaise, au milieu des siens,
sur un petit coin du sol natal, transplanté sur les bords
de la Seine. On sortait de l'hôtel Lambert l'âme
réchauffée, moins accessible aux intrigues, aux récri-
minations, aux tiraillements des partis qui jetaient le
désarroi au milieu de l'émigration.

Le 21 Mai, le prince Adam, les princesses, les jeunes
princes, notre Institut, l'école de Montparnasse, les
membres de l'émigration sans distinction de partis, se
rendaient en chemin de fer à Enghien et de là, à pied,
en omnibus, en voiture à Montmorency. Réunis dans
la modeste église de ce village, nous entendions la
messe et un sermon en français, prononcé par un pré-
dicateur en renom dont l'éloquence faisait vibrer les
sentiments patriotiques de l'assistance, parlant d'un
passé glorieux, éveillant les espérances de résurrection
de la patrie.

Il nous arrivait d'avoir les yeux mouillés de larmes, à la pensée de cette Pologne que beaucoup d'entre nous no devaient jamais connaitre.

On remarquait dans l'église les tombeaux en marbre de l'illustre Niemcewicz et du général Kniaziewicz qui avaient inauguré cet exode funèbre des exilés Polonais vers ce petit coin de terre privilégié. Couchés sur leurs mausolés, ils semblent attendre l'heure du réveil de la patrie et le leur. Ces monuments élevés à leur mémoire sont dus au ciseau du sculpteur de talent Ladislas Oleszczyński, frère du graveur bien connu. De l'église nous nous rendions au cimetière où les émigrés, modestes ou illustres mais tous martyrs de la même cause, délivrés de leurs maux et de leur existence troublée, dorment leur dernier sommeil les uns à côté des autres, comme s'ils avaient retrouvé là un lambeau de terre de la patrie. J'ignore qui eut l'idée touchante de grouper les morts polonais dans ce petit cimetière de village.

Les uns y sont restés, les autres ont été plus tard transportés dans leurs tombeaux de famille ou ramenés dans le pays pour y recevoir les honneurs suprêmes de toute une nation et aller, comme Mickiewicz, partager la sépulture de nos rois.

C'est à Montmorency que nous avons conduit les divers membres de la famille Czartoryski, morts pendant mon séjour à l'Institut. Le plus ancien dans mon souvenir est cette charmante marquise de Laroche Pouchain, nièce du prince Adam qui nous semblait belle et gracieuse comme une apparition, et qui a été trop vite fauchée par la mort, laissant de si jolis enfants. Puis la comtesse Beydale, la princesse de Würtemberg, etc.

Le jour du 21 mai, consacré d'une part à de tristes réminiscences, nous offrait de l'autre des plaisirs que nous savourions longtemps à l'avance. Avec quelle anxiété nous consultions le ciel souvent chargé de nuages, la veille de ce bienheureux jour! Quelque temps

qu'il fît, nous ne manquions jamais d'aller à Montmorency. Nous y déjeunions à l'hôtel du Cheval blanc ;
quelquefois aussi à Enghien ; puis, après le repas,
c'étaient des courses à âne dans la forêt, des promenades en barque sur le lac pittoresque et si gracieux
avec ses belles villas et les jardins qui lui font une
ceinture verdoyante. Le soir nous rentrions harassées,
heureuses, pleines d'impressions et de souvenirs que
nous n'épuisions pas de sitôt ; et nous nous endormions
de ce beau sommeil de la jeunesse dont la cloche de six
heures nous arrachait à grand'peine.

Quant il y eut parmi nous des élèves assez grandes
pour paraître dans le monde, la Princesse les invita à
ses soirées. Dans les salons de l'hôtel Lambert, que la
maîtresse de maison, si bien secondée par mademoiselle
Rousset, savait ordonner avec tant de faste et d'élégance,
se réunissaient les membres de la haute société polonaise et l'élite de la société française. Ces fêtes étaient
renommées par leur entrain, par l'amabilité sans égale
de tous les membres de la famille Czartoryski.

Nous étions littéralement éblouies par la décoration
des salons, l'élégance des toilettes et cependant pour
nous, fanatiques de notre chère maîtresse d'anglais,
nous trouvions toujours la princesse Iza la plus belle,
la plus gracieuse, la plus élégamment mise, enfin la
reine de tous les bals.

Plusieurs fêtes se sont particulièrement gravées dans
ma mémoire, quand je fus en âge d'y prendre part ; ce
furent celles que l'on donna pour les mariages successifs
des enfants du prince Adam. Le prince Witold se maria
le premier avec mademoiselle Marie Grocholska, belle,
attrayante et sympathique jeune fille qui nous conquit
par son amabilité, sa grâce et sa simplicité. Sa mère
était une personne vive, pleine d'entrain et d'initiative;
elle était dans nos bonnes grâces, car elle aimait à nous
procurer de petits plaisirs. Certain jour de Noël, elle

invita celles d'entre nous qui étaient restées à la pension, à passer la journée chez elle. Nous dansâmes toute
l'après midi et une partie de la soirée.

Nous étions au beau milieu d'une mazur quand sur-
vint l'abbé Kaczanowski, ancien officier d'artillerie,
devenu père Résurrectionniste que je devais bien longtemps après retrouver à Andrinople, supérieur de la
maison qu'il y avait fondée. Il trouva à redire à notre
façon de danser, nous donna des conseils, nous indiqua
des figures et finit par nous donner une leçon en règle
avec cette bonhomie, cette simplicité qu'on ne trouve que
parmi le clergé polonais.

Quelle belle réception le soir du mariage du prince
Witold ! Que de toilettes, que de diamants, que de
visages épanouis, et que la nouvelle mariée nous parut
imposante et jolie avec sa haute taille élancée comme
un palmier, la longue traine de sa robe, les brillants
dont scintillait son corsage, sa figure ronde, enfantine,
aux yeux si beaux, au sourire si doux ! Son heureux
caractère, la facilité de son humeur, la firent aimer
bien vite ; elle devint la seconde fille de la princesse, la
sœur de la princesse Iza avec qui elle partagea désor-
mais notre affection et notre admiration. Toujours gaie,
elle s'intéressait à nos jeux, y prenait part et j'ai peine
aujourd'hui à me la figurer séparée du monde depuis
de si longues années, soumise à la règle austère qui,
seule, lui a paru un soulagement à la grande douleur
qui brisa sa vie en lui enlevant son mari.

J'eus le bonheur depuis mon mariage de la revoir à
Constantinople avec le prince Witold ; ils étaient en
route pour l'Egypte. Je la retrouvai toujours la même,
bonne, aimable, gaie, curieuse des mœurs et des usages
d'un pays nouveau pour elle. Je lui procurai la satisfaction de dîner et de passer la soirée dans le harem d'un
haut dignitaire de l'empire, un vrai harem où l'on mangeait avec ses doigts, où l'on portait le costume oriental,

dont le maître avait quatre femmes et se gardait bien
de laisser s'infiltrer chez lui les idées et les coutumes
occidentales.

Elle fut amusée, étonnée et parfois choquée de l'al-
lure de ces femmes d'Orient, si différentes de nous ;
chez qui le manque de retenue et de pudeur est si
naturel qu'on le leur reprocherait à tort. La soirée
s'acheva au sélamlik, appartement des hommes, la
princesse Marie se ressaisit dans ce salon oriental où
elle se trouva au milieu de gens d'esprit, parlant le
français, connaissant Paris, professant un profond respect pour le prince Adam qu'ils avaient connu. Tous
ceux qui assistaient à cette soirée ont successivement
disparu, excepté la princesse et moi.

L'un, Namik-Pacha, est mort centenaire, il y a deux
ans, après avoir occupé successivement toutes les hautes
dignités de l'empire ; puis disparut Khalil-Chérif Pacha,
l'égyptien dont le souvenir est resté légendaire dans le
monde des viveurs parisiens, homme d'esprit s'il en fût.
Mirza-Hussein han ambassadeur de Perse, après être
retourné dans son pays où il occupa des postes éminents, amassa une fortune colossale qui excita des con-
voitises et fut cause de sa mort, le prince Witold fut
emporté par la maladie qui le guettait déjà, enfin mon
mari mourut à son tour.

Me voilà loin de l'Ile-Saint-Louis, il est temps d'arrêter
ma pensée vagabonde et d'y revenir.

L'hôtel Lambert s'était animé encore depuis que la
princesse Marie faisait retentir les vieux lambris de ses
joyeux éclats de rire ; on dansait souvent, on jouait la
comédie, on composait des charades et nous prenions
part à tous ces amusements. La princessa Iza avait un
vrai magasin de costumes où l'on puisait selon les né-
cessités de ses rôles. Il y avait là des robes à traine,
à panier, des collets de pages, des toques, des cui-
rasses, des casques, des armes de carton. La prin-

cesse Iza jouait admirablement la comédie, à faire
dire qu'il était dommage que la destinée n'en eût point
fait une actrice. Le théâtre était monté dans la galerie
d'Hercule avec rideaux, décors et tout ce qui s'ensuit ;
on apprenait ferme ses rôles, les répétitions, quoique
très sérieuses, étaient une occasion de s'amuser et de
rire. La troupe princière joua les *Contes de la Reine
de Navarre, la Bataille de dames, le Verre d'eau, la
Campagne à deux, Passé minuit,* et même un opéra, *la
Clémence de Titus* dont les répétitions furent dirigées
par M. Soliva qui avait quelque peu remanié la pièce
pour l'adapter aux moyens de ses dilletantes. La princesse Iza, la princese Marie, la princesse Marceline, la
princesse Ladislas, le baron de l'Epinay, un comique
parfait, et quelquesu-nes de nous étaient les acteurs.
La famille princière, un nombre restreint d'invités et
les élèves de l'Institut formaient le public, un public
connaisseur, sachant applaudir aux bons endroits. Que
ces grandes dames jouaient donc avec naturel les rôles
de Marguerite de Navarre, de la Princesse Eléonore,
etc., et qu'elles savaient habilement se transformer pour
représenter des bourgeoises endimanchées et ridicules !

Dans la *Clémence de Titus*, une de nos compagnes,
Sophie Roguska, douée d'une jolie voix de soprano et
d'un talent sérieux, remplit le rôle principal avec le
prince Ladislas. Les acteurs et les actrices étaient cos-
tumés en dames romaines ; une douzaine de pensionnaires, vêtues de toges de percaline de toutes couleurs,
le faisceau sur l'épaule, personnifiaient les licteurs et
les chœurs.

Quelquefois les élèves donnaient seules des représentations devant la famille. Nous avons joué le *Bourgeois
gentilhomme*, le *Misanthrope* (nous ne craignions pas,
on le voit, d'aborder le grand répertoire) *Louis XI*, les
Enfants d'Edouard ; d'autres pièces que le répertoire
des salons a conservées assez longtemps, telles que le

Piano de Berthe, le *Dîner de Madelon*, le *Sourd ou l'Auberge pleine*, etc.

Quand nous jouions des charades, les princesses jouaient avec nous; il est arrivé même à la Princesse Anna de se joindre à toute cette jeunesse; elle mettait infiniment de naturel dans son jeu. Une fois, la scène devait représenter une loge de portière; les bonnes et les domestiques réunis caquetaient à qui mieux mieux sur leurs maîtres; la Princesse se tira à merveille de son rôle. Il fallait l'entendre! c'était à mourir de rire, si bien que le Prince Adam, tout égayé, vint dire à sa femme : « où donc avez vous appris à parler ainsi, on dirait que vous n'avez fait que cela toute votre vie. »

On donnait de temps à autre de grands concerts au profit des polonais; ils n'avaient pas toujours lieu à l'Hôtel Lambert que le public payant trouvait trop éloigné du centre fashionable. Quelque célébrité prêtait toujours son concours à ces solennités musicales, auxquelles prenaient part la Princesse Marceline Czartoryska et les élèves de la classe de chant. L'organisation de ces concerts donnait beaucoup d'embarras à la Princesse; elle passa même une fois par une émotion assez désagréable : Mademoiselle Frezzolini, alors dans tout l'éclat de son talent et de sa célébrité, devait chanter. Il lui parut, quand elle entra dans le salon, que l'accueil qu'on lui faisait n'était pas à la hauteur de la faveur qu'elle accordait. Sans qu'on s'en aperçut, au moment où le concert allait commencer, elle s'esquiva. Il n'y avait plus qu'un ou deux morceaux à exécuter quand on s'aperçoit de son absence. On la cherche en vain; un domestique déclare l'avoir vue partir en voiture.

Que faire? elle était le clou du concert, si elle allait ne pas revenir? Ces artistes, choyées du public, sont souvent exigeants et susceptibles, son amour propre a peut-être été blessé. Tout le monde dans les coulisses est consterné! Enfin on entend dans la cour le roulement rapide d'une voiture et bientôt on voit apparaître la diva toute souriante, s'excusant d'être partie sans crier gare, pour aller changer un collier qui la gênait. L'émotion avait été si vive, que la Princesse Anna la paya d'une migraine.

La Princesse Czartoryska fut la première qui eut à Paris, si je ne me trompe, l'idée des bazars de charité, dont les vendeuses étaient des dames du monde. Les ventes au profit des polonais avaient lieu à l'Hôtel Lambert, dans la grande galerie où l'on disposait d'élégantes boutiques, remplies de bibelots, de superbes objets brodés, la plupart dus aux doigts de fée de la Princesse; de jouets, de fleurs, de gâteaux· Ces ventes étaient pour nous un grand événement; pendant les jours qui les précédaient les plus habiles d'entre nous étaient appelées à achever les broderies, à préparer les comptoirs. Celles qui ne sortaient pas à Noël, aidaient les vendeuses à faire les paquets.

Que de fatigues, que de courses entraînaient ces ventes! que d'activité il fallait déployer, que de tact pour ne pas blesser les susceptibilités sans cesse en éveil! que de visites la Princesse devait faire bien qu'elle fût si souvent souffrante, pour s'assurer le concours des plus charmantes femmes du monde, quelque peu capricieuses et fantasques parfois.

C'était nous qui étions chargées, le dictionnaire des cent mille adresses sous les yeux, d'envoyer des lettres d'invitation auxquelles, selon la qualité du destinataire, nous ajoutions un mot spécial sous la dictée de la Princesse.

Le Prince Ladislas avait 27 ans, on songeait à le marier. Nous y pensions aussi entre nous, certaines jeunes et belles princesses que nous voyions fréquenter l'Hôtel Lambert nous semblaient par leur grâce et leur beauté, être faites pour être mises sur les rangs. Aucune de celles-là ne fut choisie. Le Prince Ladislas fut fiancé à la fille de la reine Christine d'Espagne et du Duc de Rianzarès. Notre préoccupation était de savoir si elle était jolie; nous eûmes lieu d'être satisfaites : elle nous parut bien belle le soir de ses noces à la réception qui réunit le tout Paris de l'époque. Pour la première fois, nous vîmes de près une reine, mais nous éprouvâmes un peu de déception; petite, forte, rien dans la reine Christine ne nous eût fait reconnaître sa qualité si nous ne l'avions sue d'avance.

Le mariage eut lieu à la Malmaison.

Ce fut dans l'après-midi que les jeunes mariés arrivèrent à l'Hôtel Lambert. Nous les reçûmes au bas du grand escalier d'honneur. La plus jeunes de nous, Iza Mirska, offrit à la princesse notre bouquet, une autre récita un compliment. La princesse Amparo était suivie de ses deux jeunes belles-sœurs, les princesses Iza et Marie, vêtues de robes de soie bleu ciel garnies de cygne. La jeune mariée portait une toilette de ville : robe de moire antique vert-clair, cachemire des Indes, capote blanche, garnie de petites plumes légères. Elle était grande, élancée avec des yeux et des cheveux noirs, un nez aquilin, un teint mat. Son air un peu hautain était tempéré par un charmant sourire. Elle nous remercia de la façon la plus gracieuse. Quelques heures après son arrivée elle visita la pension et parut s'y intéresser. La pauvre jeune princesse n'a fait que passer dans l'hôtel familial des Czartoryski; ses dernières années ont été assombries par les atteintes de l'impitoyable maladie qui devait l'emporter 9 ans plus tard. Bien d'autres morts avaient précédé la sienne et l'Hôtel Lambert avait déjà vu, avant son départ, s'éteindre les uns après les autres les vénérables vieillards que nous avions eu le bonheur et l'honneur de connaître. Le jour de mon mariage(1), agenouillée au pied du lit de

---

(2) Caroline Czajkowska (Mme Suchodolska).

la Princesse Sapieha pour recevoir sa bénédiction, je ne me doutais pas qu'elle avait si peu de temps à vivre et qu'elle partirait la première. Elle avait atteint, il est vrai, un âge exceptionnel, mais ne voudrait-on pas conserver ceux qu'on aime au delà des limites ordinaires de la vie.

La Princesse Amparo, si aimable et bonne qu'elle fût, nous demeura plus étrangère que la Princesse Witold, vers laquelle nous nous sentions attirées par une affinité de race et de sentiments. Je l'ai personnellement peu connue car j'ai quitté l'Institut peu de temps après son mariage.

Le conseil d'administration, établi par la Princesse
Anna, subsista sans changement notable pendant plusieurs années ; puis Madame Szokalska nous quitta
pour aller à Varsovie. Je me rappelle encore son dernier déjeûner avec nous, pendant lequel la Princesse
Mère, accompagnée de la Princesse Iza, vint lui rendre
sa visite d'adieu. M. Cichowski disparut à son tour. Il
n'avait point habité l'Hôtel Lambert, mais occupait,
rue Caumartin, un petit appartement, véritable musée
de numismatique. Les monnaies et les médailles les
plus rares y étaient classées dans des vitrines et il en
faisait volontiers les honneurs à ceux qui semblaient s'y
intéresser.

Après lui, Mme Pikulska fut nommée économe ;
M. Wróblewski s'occupa de ce qui concernait l'admission des élèves et Mademoiselle Rouquayrol, déjà maîtresse dans la pension, prit la direction des études.
Comme par le passé, la princesse Anna continua à s'intéresser personnellement à son institut.

L'organisation de nos études était parfaite. Chaque
classe avait des examens trimestriels. La princesse les
présidait toujours ; le prince Adam y assistait presque
chaque fois, ainsi que plusieurs membres de la famille.
Nos professeurs nous interrogeaient sur les matières du
programme et la princesse désignait elle-même l'élève
qui devait répondre. Je me rappelle qu'un de ces
examens fut un véritable succès, pour Mademoiselle
Rouquayrol avant même qu'elle fut nommée notre
directrice. Nous fûmes toutes questionnées au choix de
la princesse, le prince Adam intervint dans les interro-
gations d'histoire, le prince Ladislas y prit part aussi,

l'examen fut excellent, nous fûmes fêtées, félicitées
par le jury et Mademoiselle Rouquayrol reçut en souvenir de cette journée un flacon en cristal de Bohême
qu'elle conserve encore.

La princesse Anna, cette parfaite éducatrice qui
savait si bien nous encourager et nous récompenser, se
montrait ferme quand il le fallait. Elle nous réunissait
chez elle tous les quinze jours, pour donner la « décoration » à celles que la directrice lui désignait et dont le
nom était inscrit sur le régistre d'honneur. Elle attirait
alors notre attention sur un point quelconque de tenue
ou de discipline qui avait laissé à désirer. Elle parlait
avec une grande facilité, beaucoup de conviction, et une
haute compétence pédagogique· Deux élèves seulement
étaient décorées et invitées à dîner avec la famille.

L'événement dont j'ai gardé comme enfant le plus
vif souvenir est, avec la naissance du prince impérial
qui nous valut un jour de congé, la mort en 1855 de la
princesse de Würtemberg qui s'éteignit dans un âge
très avancé. Elle habitait, quai d'Anjou, la maison mi-
toyenne avec l'Hôtel Lambert auquel elle a été annexée
depuis. Je me rappelle combien ces funérailles furent
imposantes. Les nombreux amis de la famille, l'émigration polonaise presque au complet, les élèves de notre
institut, les jeunes gens de l'école des Batignolles, ceux
de l'école préparatoire aux écoles supérieures (établissement fondé par le prince Adam), accompagnèrent en
voiture jusqu'au cimetière de Montmorency la dépouille
mortelle de la princesse.

J'ai aussi souvenance d'un soir de carnaval où nous
descendîmes voir les princesses en costumes historiques :
elles allaient à un bal travesti de la Cour. La princesse
Anna portait un costume du XVIIe siècle, celui de Marie-
Louise de Nevers, princesse de Gonzague, reine de
Pologne ; la princesse Iza représentait la reine Hedvige,
épouse de Wladyslaw Jagello. Ces deux costumes

étaient d'une grande richesse : velours, hermine, broderies d'or. Le peintre Henri Rodakowski était présent ; il avait contribué sans doute à leur exécution, car il paraissait beaucoup s'y intéresser.

C'est en 1857 que Mademoiselle Rouquayrol commença à présenter régulièrement les jeunes filles aux examens de la Sorbonne.

Caroline Czajkowska (Mme Suchodolska) les avait déjà passés antérieurement avec succès; quelques autres aussi sans doute. En 1857 ce fut le tour de Rosalie Kownacka, morte à Varsovie trois ans après. Il fallait avoir à cette époque dix-huit ans et six semaines. Ce brevet ouvrit une ère nouvelle et devint le couronnement des études de toutes les bonnes élèves.

En 1857, la princesse Iza, cédant au vif désir de ses parents, consentit à épouser le comte Działyński, frère de la Comtesse Zamoyska. Sa beauté, sa grande naissance, la rendaient digne de monter sur un trône. Grand cœur, esprit ouvert, goûts artistiques, distinction souveraine, elle était la gloire de sa maison. La cérémonie de son mariage à l'église Saint-Louis en l'Ile, la brillante réception, qui suivit, nous laissa une impression de tristesse et de mélancolie. Il nous semblait qu'on nous dérobât notre princesse; elle-même paraissait plutôt regretter ce qu'elle laissait derrière elle, qu'envisager avec joie ce que l'avenir lui réservait. Etait-ce pressentiment des deuils successifs et cruels qui allaient bientôt faire le vide parmi les êtres si chers qui l'entouraient de leur tendresse?

L'émigration polonaise accueillit avec plaisir ce mariage. La famille Działynska, une des plus anciennes de la grande Pologne, est aimée, respectée; elle a donné depuis des siècles des preuves de son ardent patriotisme. Le comte Jean produisit sur nos compatriotes la plus heureuse impression. Il était grand, blond avec une grande distinction dans toute sa per-

sonne. Nous chantâmes une messe de Haydn. Plusieurs
de nos anciennes compagnes, excellentes musiciennes,
vinrent mêler leurs voix aux nôtres; les soli furent
exécutés par des artistes de l'Opéra.

La princesse Iza voulut que toutes les pensionnaires
assistassent à la réception du soir : nous étions alors
quarante-cinq. A nos robes de mousseline blanche,
notre uniforme de cérémonie, elle ajouta une petite croix
en or et turquoise. Nos maîtresses reçurent une bague
avec l'inscription : souvenir.

Cette fête, disait-on, surpassa en magnificence toutes
celles que l'on avait données jusqu'alors. L'Hôtel Lambert était admirablement décoré; l'orchestre était placé
dans la galerie circulaire qui domine le grand escalier.
On l'entendait sans le voir. Un buffet était dressé dans
le salon particulier de la princesse Marie, un autre à
l'étage supérieur. L'élite de la société parisienne et
tout ce qu'il y avait de célèbre dans les arts et la littérature y avaient été conviés. Que de perles et de brillants ! Vers minuit, les invités devinrent si nombreux
que nous eûmes de la peine à passer pour remonter à
la pension.

Quatre mois après le départ de la comtesse Działyńska
pour le Duché de Posen, où se trouvaient les terres
de son mari, je fus envoyée par Mademoiselle Rouquayrol prendre un renseignement chez la princesse.
Elle était dans la chambre de sa fille et j'aperçus
dans l'oratoire de la chère absente deux bouquets
blancs desséchés; l'un d'eux était celui que la pension avait offert à la jeune mariée.

La distribution des prix de 1859 fut pour moi la plus
mémorable de toutes celles auxquelles j'ai pris part.
J'étais élève de 1re classe, je devais donc donner des
preuves de mon travail et de mes progrès. Le général
Zamoyski présidait avec la princesse Iza. Je lus deux
de mes meilleures compositions : « *Réflexions d'une*

jeune institutrice », puis une autre en polonais sur un sujet patriotique : « *Trzy mogiły* » (les trois tombeaux du tertre de Cracovie). Le général Zamoyski trouva ma rédaction bonne et m'en fit compliment; puis s'adressant à nous toutes, il nous expliqua en termes émus combien la connaissance d'une langue dans un pays persécuté entretient les souvenirs du passé et l'amour de la patrie. J'obtins le 1er prix de polonais. Au livre habituel était joint un beau porte-monnaie, offert par le général Zamoyski. Il contenait 100 francs, et portait cette inscription en lettres dorées : 1sza *Nadgroda za język polski)* 1er prix de langue polonaise(1). Octavie Pilińska obtint le 2me prix.

C'est en août 1859 que naquit le prince Auguste. Le baptême eut lieu pendant les vacances et les élèves habitant Paris y furent invitées. Nous étions six, en tenue de cérémonie, c'est-à-dire en robe de mousseline blanche. Les assistants étaient peu nombreux, à cause de la saison d'été. Le prince reçut le baptême dans le salon du premier, sur lequel s'ouvrait une petite chapelle où l'on disait quelquefois la messe. Le parrain fut le prince Adam et la marraine la reine Christine. Le jeune prince fut baptisé par le cardinal Dormet, archevêque de Bordeaux avec de l'eau du Jourdain. Je me souviens encore du beau discours de l'archiprêtre de Notre-Dame, de l'éloge qu'il fit de la famille Czartoryski, et des dernières paroles de ce discours : « Je souhaite à la mère d'élever en fils comme Blanche de Castille et à ce fils de vivre et de mourir comme Saint-Louis. »

La destinée du prince Auguste ne lui permit point de réaliser ce vœu, mais il n'en mourut pas moins comme un saint, tout jeune encore : 33 ans, au milieu des pauvres pour lesquels il avait quitté les biens et les grandeurs de ce monde.

---

(1) Sophie Kałużyńska (Mme Żukowska).

4

Après la cérémonie du baptême, les assistants passèrent dans la salle à manger où un lunch était préparé.

Les piles de boîtes de dragées étaient disposées sur de petites tables. M. Blotnicki, précepteur du prince Ladislas et qui devait être aussi le précepteur du prince Auguste, en faisait les honneurs.

A cette époque je parlais bien le polonais, aussi très souvent, après la recréation, avais-je l'honneur d'aller lire les journaux au prince Adam. Après les questions politiques, je parcourais les faits divers et même les annonces. Je lisais très haut. M'apercevant une fois que le prince sommeillait, je baissai graduellement la voix puis je m'arrêtai. Le prince me dit aussitôt : « Eh bien, Mademoiselle, nous en étions restés à la petite chienne perdue. »

Pendant les derniers mois que j'ai passés à la pension, je faisais aussi quotidiennement la lecture à la princesse Sapieha. Elle occupait la dernière chambre qui donne sur le jardin, mais après le déjeûner, elle se tenait dans le grand salon qui précède cette chambre. Son âge avancé, sa vue affaiblie ne lui permettaient plus de travailler à la tapisserie; comme il lui était impossible de rester oisive, elle ne cessait de faire de la charpie pour les hopitaux. Je commençais par une lecture pieuse, puis venait l'histoire de France de Henri Martin. Combien ces récits lui suggéraient de saines réfléxions et comme elle m'intéressait avec ses souvenirs du passé! Au mois de juillet je la suivis à Saint-Mandé où la famille avait fait construire, au milieu d'un grand jardin, un joli châlet sous la direction de Viollet Le Duc. A l'entrée de ce jardin il y avait une autre maison, occupée par le prince Auguste, âgé d'une année, sa nourrice française et sa gouvernante polonaise. Presque tous les jours la princesse venait de Paris dîner avec sa mère; le prince Ladislas et la princesse Amparo venaient aussi souvent visiter leur fils qui se montrait

vif, aimable, intelligent. Il y avait à ce moment à Saint-
Maur un spectacle qui excitait vivement la curiosité
publique : c'était un camp de Turcos, de ces braves
arabes qui s'étaient distingués pendant la guerre
d'Italie. Les parisiens venaient en masse les visiter ;
ils leur distribuaient du tabac, du linge, de l'argent,
etc. Les domestiques s'étaient liés avec deux d'entre
eux et les amenaient au châlet. La princesse Sapieha
voulut les voir et leur dit de venir le lendemain dé-
jeuner. Ils comprirent très bien que c'était un honneur
et expliquèrent plutôt par gestes que par quelques mots
de mauvais français qu'ils ne se sentaient pas assez
propres.

Leur visage et leurs mains leur donnaient en effet
raison. La princesse leur adressa quelques paroles en-
courageantes et le lendemain les domestiques les avaient
si bien lavés et astiqués que j'eus de la peine à les
reconnaître. Tout en les soignant, on les surveillait de
très près, car dans les environs on s'était aperçu du
point faible de ces braves, de leur trop grande admiration pour les choses qui leur plaisaient et pouvaient facilement se dissimuler.

Le repas se passa très convenablement ; ils étaient
enchantés de tout ce qu'ils mangeaient, prirent le café
sans sucre, mais croquèrent ensuite à belles dents tous
les morceaux que le domestique avait placés à côté
d'eux. Ce qui les réjouit davantage, ce fut la pièce de
monnaie qui leur fut donnée au départ.

Ces souvenirs sont banals en eux-mêmes. Mais le
moindre événement revêt pour nous de l'intérêt quand
il ajoute un trait, si faible soit-il, aux images dont notre
cœur garde le souvenir.

Plusieurs générations se sont déjà succédé sans que l'esprit de la maison se soit en rien modifié. Génération n'est pas l'expression qu'il faudrait employer car ce sont toujours les filles des émigrés de 1830 dont la princesse Anna fait ses enfants d'adoption. Seulement les grandes laissent la place aux plus jeunes et la fraternité qui les unit les unes aux autres est si spontanée, si naturelle que les petites sont à chaque rentrée, reçues comme des sœurs par leurs aînées. Voici ce que dit à ce sujet une élève admise en 1858.

Mon entrée à l'Hôtel Lambert date du 12 avril. Je n'oublierai jamais le cordial accueil de la directrice, Mademoiselle Rouquayrol et des grandes élèves, amies d'Elisa, ma sœur aînée : Octavie et Anna Pilińska, Olympe Malankiewicz, Sophie Kałużyńska, Valery Berecka, Henriette et Aniela Detkens, Léona la sœur d'Olympe. Je ne nomme que celles qui me prenaient sur leurs genoux pour me faire raconter la légende de Saint-Vincent de Paul dont je me disais la compatriote avec une certaine emphase qui devait faire rire de la petite Landaise.

La pension occupait encore tout le dernier étage de l'Hôtel Lambert. Une partie donnait sur la cour, à l'ouest; l'autre partie, même orientation, donnait sur un coin du quai d'Anjou. Le réfectoire, ainsi que la galerie qui couronne l'escalier d'honneur de l'Hôtel servait de passage entre ces deux parties. La deuxième et la troisième classe étaient du côté de la cour. Il fallait traverser la salle de récréation pour arriver aux classes des petites et des moyennes. Nous formions toutes une véritable famille et la plus grande solidarité a toujours régné parmi les élèves pendant les sept années bien complètes que j'ai passées à l'institut.

La classe où je fus mise en compagnie de Lizzy Detkens, fraîchement arrivée de Londres, était dirigée par une ancienne élève devenue religieuse dans un couvent en Angleterre : c'était Flavie Marchocka. D'origine bretonne par sa mère, elle semblait toujours rêver. Ah ! si ma mémoire était fidèle, que de légendes racontées par elle en récréations je pourrais redire.

La maîtresse de la deuxième classe, contiguë à la nôtre, était Mademoiselle Buffenoir. MM. Kunat, Adam Piliński, Norblin, Faucheux et Desrats étaient les professeurs d'alors que j'ai toujours vus pendant mon séjour à la pension. Les grandes élèves, celles qui remplaçaient la belle génération des Rosalie Kownacka, Rose Dolinger, Angélique Aszperger, Olympe, la nièce du bon M. Blotnicki, étaient avec celles citées plus haut : la belle Héloïse Malankiewicz, Gabrielle Bobińska, Henriette Detkens, Valérie Berecka.

Comme tout ce jeune monde était gai alors !

Peu de temps après mon arrivée à la pension eut lieu la cérémonie de la confirmation à laquelle présidait Monseigneur Morlot archevêque cardinal qui avait remplacé Monseigneur Sibour assassiné à Saint-Étienne du Mont. J'étais une des confirmantes avec la jolie Louise Pawłowska qui venait d'abjurer la foi protestante. Je crois aussi que c'est à cette époque que fut rebaptisée sous condition Marynka Humnicka, née à Berne.

La première distribution des prix m'a laissé de vifs souvenirs. Toutes les élèves étaient en robes de mousseline blanche avec des ceintures bleues. Les plus habiles frisaient leurs compagnes ou les aidaient à natter leurs longs cheveux.

La natte circassienne était en faveur de mon temps et fut toujours préférée pour la coiffure de cérémonie.

Le Prince et la Princesse Anna présidaient. Nous

eûmes un examen devant un auditoire nombreux et choisi, puis l'audition de morceaux de piano avec accompagnement de violon ou violoncelle, de chants, de poésies françaises ou polonaises. Léonide Wróblewska lut une composition dont le sujet était « le sacrifice d'Abraham » et qui fut très applaudie. Il me semble encore entendre la compagne que nous appelions Anaïs et dont le véritable nom est Wanda Wojciechowska, déclamant le « Sept Thermidor » Quand elle prononça les premiers mots : « Ils étaient trente dans la lourde charrette », des murmures d'approbation se firent entendre en faveur de la jeune déclamatrice. Octavie Pilińska eut cette année là le prix d'Honneur, accordé à l'élève ayant fait ses études complètes dans la Maison sans avoir encouru le moindre blâme. Ce prix ne se donnait qu'à de longs intervalles.

Je passai les vacances de 1858 à Saint-Mandé, où habitait la princesse Sapieha et c'est alors que la pension fut transférée dans les appartements qu'elle a occupés depuis, du côté du Quai d'Anjou.

Par quel effet de magie, se demandaient alors les petites, nos classes ne sont-elles plus sous les toits et la cuisine, le réfectoire, la salle de récréation et une belle salle de musique sont-elles au rez-de-chaussée au lieu d'être au cinquième ?

Nous reconnaissions bien nos dortoirs verts et bruns mais les lits avaient fait place à de belles tables, à une chaire de professeur à laquelle faisait face un petit autel de la Sainte Vierge. Une grande pendule lentille était appendue sur le panneau entre les deux fenêtres de la salle verte ; un poêle de faïence était à gauche de la chaire et le tableau noir à gauche de ce poêle. L'année suivante, un autre changement eut lieu : la chapelle fut transportée dans la salle contiguë au salon précédant la chambre de mademoiselle Rouquayrol.

Ce fut la mort de la Princesse Sapieha qui donna lieu

au transfert de la chapelle. Cette femme de tête et d'ordre, bienfaitrice intelligente des nécessiteux, quitta ce monde en 1859, laissant derrière elle un grand vide et d'amers regrets. Le corps de la princesse, embaumé, vêtu de blanc, exposé dans le salon où nous la voyions tous les jeudis entendre la messe, ne me parut nullement défiguré et la mort que je contemplais pour la première fois me sembla plus solennelle que rigide.

Avant d'être admise dans la grande classe, il fallait passer de 11 à 14 ans ou de 12 à 15, suivant le degré de force, dans la salle brune ou marron (la petite classe). On y était moins en vue de la maîtresse; aussi que d'espiégleries inaperçues! J'ai connu là trois maîtresses : mademoiselle Assezat; Mademoiselle Dussouchet, remarquable par son précoce embompoint, mais aussi par son amour de l'étude et du devoir : elle nous fit faire de rapides progrès; Julia Gasztowtt, notre compagne, qui lui succéda, aidée d'Hélène Brzowska ; elle tint très sérieusement la classe. C'est elle qui nous prépara à suivre les leçons de M. Faucheux, professeur d'arithmétique. Nos cours de géographie étaient faits par mademoiselle Versani. C'est à partir de ce moment que cette étude me parut vraiment intéressante. Son cours d'histoire ancienne était aussi très bien fait. Je cite en passant Mesdemoiselles Latour, Mouton, Ostaszewska, maîtresses des différentes classes.

L'organisation des études était aussi bonne qu'elle pouvait l'être à cette époque. Les méthodes convenaient aux caractères trempés d'alors. L'élève intelligente et studieuse y trouvait le moyen de s'instruire et surtout d'approfondir ce qu'elle apprenait. Sans vouloir faire de parallèle entre l'instruction acquise alors et celle qui se donne aujourd'hui, je crois que les programmes étant plus limités, les élèves effleuraient moins l'étude et que le travail personnel leur profitait davantage. Seulement c'était un privilège exclusif dont les paresseuses ou nonchalentes ne pouvaient jouir. La distribution des heures de travail était l'objet d'un soin particulier. Nous ne saurions assez reconnaître aussi l'excellence du système d'enseignement mutuel appliqué avec beaucoup de jugement par Mademoiselle Rouquayrol, notre directrice. C'est aux répétitions que les élèves de la classe supérieure donnaient à leurs compagnes des autres classes, que plusieurs d'entre nous doivent cet esprit d'initiative qui les a mises à même de bien conduire des éducations particulières et de ne pas se trouver embarrassées dans la direction d'une école publique.

Notre institut était donc une véritable école normale d'où sont sorties des institutrices distingués et des femmes de valeur.

La langue polonaise était cultivée avec soin. La princesse Anna y tenait tout particulièrement. Ce fut elle qui m'enseigna la première poésie enfantine que je récitai aux prix : *Dziecię i Staruszek*. Je me souviens aussi de l'intérêt qu'y prenait la comtesse Grocholska, mère de la princesse Marie et des leçons récréatives qu'elle nous donnait. Je préférais de beaucoup son enseignement à celui de nos maîtresses. Je fais une restriction cependant en faveur de Mademoiselle Machczyńska à qui je dois ce que je sais en polonais. L'histoire et la géographie de Pologne, la littérature, la grammaire polonaise, étaient enseignées et apprises en polonais.

Les années 1858 et 59 m'ont laissé, avec le souvenir douloureux de la mort de la princesse Sapieha, celui du passage des troupes pour les guerres d'Italie ; nous les avions vues partir au printemps, elles revinrent au commencement d'août, alors que venait d'avoir lieu la distribution des prix et je me rappelle avec quel enthousiasme nous jetions nos couronnes aux soldats blessés qui passaient par l'Ile Saint-Louis, ne pouvant suivre le régiment.

Avec les premiers deuils ont cessé les fêtes.

D'autres plus anciennes que moi, pourront parler de ces belles soirées auxquelles elles étaient conviées, soit pour danser, soit pour entendre quelque artiste célèbre. Ces occasions se sont présentées alors que j'étais trop jeune pour en profiter. Il nous restait nos fêtes intimes et les fêtes nationales, 26 juillet, 19 novembre, 29 mars, 21 mai.

La présence de la princesse Marie et de sa famille; la comtesse Grocholska, sa fille Mademoiselle Hélène, les deux jeunes comtes Thadée et Stanislas étaient des éléments de gaîté. Pendant les récréations, tandis que les grandes se promenaient raisonnablement autour des massifs, ils organisaient des jeux avec les petites. Voici celui qui avait le plus de succès : le comte Thadée agitant une sonnette criait : à la guerre, à la guerre ! Il formait la tête d'une longue file d'enfants se tenant par la main et poursuivait à travers tous les appartements, du haut en bas de l'Hôtel Lambert une seconde file qui s'enfuyait. Un jour, deux élèves tombèrent en courant ainsi sur les parquets cirés, ce qui mit un terme à ces jeux un peu masculins. Mais il restait les parties de cache cache dans la maison, de barres au jardin. Nous avions aussi nos bonnes récréations de l'hiver, que les Lambertines de cette époque n'ont pu oublier. Tous les soirs, de 6 h. 20 à 7 h. 20, sauterie au son du piano ; le dimanche, bal plus complet avec intermèdes consistant en chants ou en charades en action.

L'été, c'étaient les parties de balançoire. Elles durèrent jusqu'à ce que la corde fût usée. Depuis je n'ai plus entendu parler de la balançoire. Lorsque la chaleur était trop forte, en juillet, nous allions faire la lecture ou les petits travaux autorisés au crochet et à l'aiguille, au jardin, à l'ombre des lauriers, des orangers, des citronniers ou des grenadiers en caisse...

Nous avions les promenades de temps en temps au

Luxembourg et très souvent au Jardin des Plantes. Je me souviens d'avoir appris la botanique dans cette grande allée où l'on montait au serres. Pendant ce temps, les petites jouaient et couraient. Que de générations d'élèves de l'Institut ont arpenté comme nous ces deux belles avenues et même celle plus petite des fosses aux ours que nous appelions allée des marronniers. Pendant bien des années, nous fûmes accompagnées dans ces promenades par une femme qui nous vendait des nougats, des sucres d'orge, du pain d'épice et que nous avions surnommée « la Taupe », à cause de son teint bistré. Elle tint pendant quelque temps son poste au coin du quai d'Anjou, à l'entrée de la rue Saint-Louis. Les jeunes princes attachaient une petite corbeille au bout d'une corde et la faisaient glisser le long de la muraille. La Taupe y mettait des friandises et la petite corbeille, hissée avec précaution, était livrée aux petites.

Notre gaîté et notre entrain ne nuisaient point à notre travail. Chaque année apportait une réforme, une amélioration nouvelle, soit pour la partie matérielle : régime, organisation des repas et des heures de travail, soit pour la partie intellectuelle et le perfectionnement de notre instruction. Mais peu à peu la maladie et la tristesse envahirent la demeure des princes. En 1861, le prince Adam s'éteignit et un voile de deuil enveloppa l'hôtel tout entier. La pension prit l'uniforme noir qu'elle n'a plus quitté depuis, ce me semble. Le grand âge du prince Adam ne l'avait pas empêché de conserver, durant les années de sa verte vieillesse, ses facultés intactes, sa mémoire extraordinaire et sa lucidité d'esprit. Quand mourut cet hommes remarquable, une place resta vide au milieu de l'émigration qui ne fut plus jamais remplie.

En 1862 éclatait l'insurrection en Pologne. Avec l'illusion de la jeunesse, nous pensions que toute tenta-

tive de ce genre devait amener la reconstitution de
notre malheureuse patrie. Avec quelle ardeur nous
faisions de la charpie pour les blessés ! en chantant
l'hymne « Boże coś Polskę ». Dès que nous entendions
les pas de notre vénérable professeur d'histoire de Pologne, M. Kunatt, nous courions au devant de lui et
c'étaient des questions sans fin. Si quelque ruse d'éco-
lière poussait les paresseuses à faire oublier parfois
une leçon d'histoire, de cosmographie ou de pédagogie,
la leçon d'histoire de Pologne était toujours accueillie
et prise en conscience. Nous avions parfois la main
fatiguée à force de prendre des notes.

Notre enthousiasme fut à son comble lorsque le comte
Działyński partit pour l'insurrection. Que de fois nous
avons alors chanté la marche polonaise *Jeszcze Polska
nie zginęła*. « Marsz marsz Działyński » disions-
nous, personnifiant en lui la nation entière.

L'insurrection était le sujet de conversation de toutes
les élèves pendant la récréation. Nous avions imaginé,
dit une petite de cette époque, de jouer à la Russie et à
la Pologne. Il y avait deux camps, comme aux barres
et l'on faisait des prisonniers. Je fus cause de la sup-
pression du jeu. J'avais été prise par les Russes qui ne
voulaient pas me lâcher, parce que j'étais un otage précieux et pour cette même raison, la Pologne ne voulait
pas me laisser enlever. Tirée avec acharnement de part
et d'autre par mes vêtements je me débattais entre ciel
et terre. Il fallut l'intervention des autorités supérieures
pour mettre fin à la lutte que nous n'eûmes plus la permission d'engager, parce que nous y mettions trop d'ardeur.

Nous avions en effet des mouvements d'enthousiasme
qui rendaient utile parfois la sévère intervention de
notre directrice, et des générosités qu'elle accueillait
plus volontiers.

A la fin de l'année scolaire nous demandâmes que les

sommes destinées aux livres de prix fussent distribuées
au victimes de l'insurrection. L'année précédente nous
avions fait le même sacrifice en faveur des familles rui-
nées par la crise cotonnière pendant la guerre de Sé-
cession d'Amérique.

Nous étions de dignes filles des exilés de 1830 : un
généreux sacrifice nous était un attrait et ne nous trouvait jamais hésitantes.

En 1864 mourait notre chère princesse, Anna, rela-
tivement peu âgée, car elle avait l'âge du siècle, nous
disait-elle souvent. Elle était souffrante depuis quelque
temps déjà et avait passé l'été précédent à Versailles;
c'est là que pendant deux années de suite nous allâmes
lui souhaiter sa fête le 26 juillet. Inès Noińska et Thérèse Taroni faisaient partie de la dernière députation et
avaient rapporté le récit d'une agréable et intéressante
journée. Sa santé l'exigeant, la princesse avait dû s'é-
loigner davantage. Le 19 novembre, c'est à Montpellier
que nous lui écrivîmes pour la dernière fois. Le 24
décembre, pendant la nuit de Noël, nous apprîmes sa
mort qui nous causa un profond et inoubliable chagrin.

Les années suivantes, la princesse Amparo mourait à
son tour; puis le prince Witold, l'aîné de la famille et
tous ces deuils laissèrent les survivants désespérés,
isolés au milieu du désert que la mort avait fait dans ce
fastueux et joyeux hôtel Lambert, devenu morne et silencieux.

La princesse Iza, fut pour nous la personnification de
la douleur. Quand elle apparaissait, le sourire s'arrêtait
sur nos lèvres.

La princesse Marie, pendant quelques temps encore,
mit dans cette tristesse le rayonnement de sa grâce et
de son affabilité, puis elle disparut elle aussi. Ce ne fut
pas la tombe qui se referma sur elle, mais le cloître et
la comtesse Działyńska resta seule.

Nos éclats de jeunesse s'éteignirent au milieu de cette désolation qui s'étendait partout autour de nous.

Les toutes jeunes qui arrivaient, n'ayant point assisté à nos deuils, apportaient un peu de gaité, mais nous autres restions sérieuses. Il fallut un peu de temps avant que nous reprissions nos distractions familières.

L'étude nous passionna davantage encore. Plusieurs de nos vieux professeurs d'autrefois avaient disparu, mais Mademoiselle Rouquayrol avait mis à les remplacer un soin particulier : Nous avions toujours M. Norblin pour le dessin, M. Faucheux pour l'arithmétique. M. Winkler nous donna des leçons de polonais, M. Lescure des leçons de littérature et de style. Le solfège nous fut enseigné par M. Désirier. Il était l'auteur d'une méthode particulière qui était certainement très bonne car le solfège me parut sous sa direction un jeu d'enfant. Le piano nous fut enseigné par un excellent professeur, M. Drague, qui avait été élève de Chopin.

Outre ces professeurs, nous avions Miss Sulivan pour parler anglais et Mlles Warnka, Grynwald et d'autres encore dont le nom m'échappe pour le polonais. Mademoiselle Rouquayrol nous donnait quelques cours spéciaux, entre autres celui d'Histoire naturelle.

Notre professeur d'instruction religieuse était un jésuite, le père Clerc, auquel nous étions très attachées. Il nous faisait tous les dimanches une conférence dont nous écrivions l'analyse et il présidait nos fêtes religieuses et notre congrégation de Sainte-Hedvige. Lorsqu'un vent d'indiscipline soufflait sur nous, c'était du Père que notre directrice nous menaçait. Et cependant il était si peu effrayant, si doux ! Il était plutôt laid et petit, très différent en cela du bon Père Tailland qui l'avait précédé. Nous faisions de temps en temps des retraites sous sa direction. Je revois encore par la pensée notre petite chapelle avec l'autel entre les deux fenêtres don-

nant sur le balcon. A droite, devant nos bancs et au-
dessous du tableau représentant le réveil de l'enfant
Jésus et de Saint-Jean, était le prie-Dieu de la comtesse.
A gauche dans l'enfoncement de la porte, l'autel de la
Sainte-Vierge avec un bouquet de violettes artificielles,
jolies et parfumées donné, nous disait-on, par la princesse Marie. Je ne revois jamais la chapelle dans mon
souvenir, sans ce bouquet, non plus que le Père Clerc
à l'autel sans un certain ornement blanc, brodé à la
main avec des soies de couleurs variées.

Le Père Clerc est mort, fusillé pendant la Commune
et celles dont l'âme a eu le bonheur de s'épanouir sous
sa pieuse et salutaire direction, ont bien sûr en lui un
protecteur au ciel.

Jusqu'à présent, avec quelques modifications qui
toutes ont été des améliorations, la forme première s'est
maintenue dans l'organisation de la pension. En 1888
une grande transformation a lieu. Mademoiselle Rouquayrol quitte la direction de l'Institut polonais, re-
grettée de toutes les bonnes élèves.

D'aspect imposant et sévère elle était par principe
d'une fermeté un peu rigide. Cela ne l'empêchait pas
de beaucoup aimer ses élèves qui toutes la revoient
aujourd'hui avec bonheur et reconnaissance, car c'est
à son exemple qu'elles ont appris l'inflexibilité du devoir
et la pratique des vertus chrétiennes qui font que les
épreuves de la vie frappent, mais n'écrasent pas.

Beaucoup des dernières grandes élèves de mademoiselle Rouquayrol ont déjà quitté la vie. Il en est plusieurs que j'ai perdues de vue: voici le nom de quelques
unes de celles qu'elle laissa à la pension, au départ: Caroline Gołębiowska, Elise et Léonie Ostrowska, Marie
et Sophie Obalska, Thérèse Taroni, Joséphine Karwowska, Claire Żołopińska, Hélène Piędzicka, Laure
Wilczyńska, Eugénie Białkowska, Jeanne Chodźko,
Julie Zieńkowicz, et bien d'autres encore, car nous étions

quarante-cinq ; je ne parle ici que de celles qui étaient de la première classe dont je faisais partie.

Mademoiselle Rouquayrol fut remplacée par mademoiselle Letellier. C'était une toute jeune directrice, mais qui sut, dès son arrivée, imposer son autorité et inspirer le respect.

Fort instruite, mademoiselle Letellier possédait les qualités précieuses dans une direction : le don de tracer un plan, et la volonté d'arriver au but ; elle avait avec cela l'amour du bien. Elle ne pouvait avoir pour les jeunes filles parmi lesquelles elle arrivait, la profonde affection qu'avait mademoiselle Rouquayrol, mais elle prit sa mission à cœur et dès le début plusieurs s'attachèrent à elle et lui restèrent fidèlement dévouées. Elle avait en histoire un savoir merveilleux qui nous éblouit ; c'était un vrai professeur. Sans commotion aucune, l'esprit restant le même, son arrivée produisit cependant quelques changements : plusieurs professeurs nous quittèrent soit qu'ils eussent été changés, comme M. Lescure, soit qu'ils eussent voulu, comme M. Faucheux, partager le sort de mademoiselle Rouquayrol. En revanche, mademoiselle Letellier inaugura les cours à la Sorbonne et à l'Hôtel de Ville.

Une seule élève les suivit tout d'abord : ce fut Marie Obalska qui travaillait pour l'examen supérieur. Les deux plus rémarquables de ces cours étaient celui de M. Albert auquel elle assistait quelquefois et celui si intéressant de M. Morin qu'elle suivait régulièrement et avec succès.

Madame Pikulska avait aussi depuis quelque temps quitté l'économat et avait été remplacée par Madame Varenne, puis par Madame Bénezech.

Sauf le regret bien naturel, éprouvé par les bonnes élèves au départ de Mademoiselle Rouquayrol, jamais changement de régime n'eut lieu plus tranquillement. Mademoiselle Letellier succéda à Mademoiselle Rouquayrol comme si elle y eût été préparée par elle-même. Six élèves étudiaient pour les examens, Mademoiselle Letellier acheva cette préparation et toutes les six furent reçues sans qu'elle en voulût accepter l'honneur qu'elle méritait de partager cependant. Ces six élèves étaient : Marie Leszczyńska que nous appelions notre petite reine, Marie Obalska, Léonie Ostrowska, Joséphine Karwowska, Laure Wilczyńska, Antonia Wróblewska.

Grâce au zèle et au dévouement de nos directrices, nous étions habitués à ces succès qui, jusqu'à aujourd'hui ne se sont jamais démentis.

Les deuils s'éloignant, nous avions recommencé à donner un peu plus d'éclat à nos petites fêtes intimes. Je me souviens d'une fort jolie représentation d'Athalie dans la galerie, chez les princes. Marie Detkens était la reine et ce rôle lui allait à merveille ; Marie Obalska était le grand prêtre Joad ; la charmante Sophie, sa sœur, peu reconnaissable sous son travestissement, faisait Mathan. Je crois qu'Hélène Zaborowska, une petite, était le roi Joas. Une moyen, Jeanne Ostrowska, représentait Abner. On l'avait choisie de préférence parce qu'elle était toute mince et que le prince Ladislas nous avait prêté une armure de Rachel. Mais si mince qu'elle fût, la cuirasse était trop étroite encore pour ce corps d'enfant. La pauvre Jeanne s'y trouvait fort mal à l'aise et dans les entr'actes, reine, roi, grands prêtres, devaient la lui délacer pour l'empêcher d'étouffer. Cette fête fut vraiment charmante. Nous étions fort bien car nous avions des costumes de la Comédie française. Le comte Jean qui aimait ces réunions nous envoyait force rafraîchissements et friandises ; nous eûmes ensuite grand bal. La princesse Iza s'épanouissait en nous voyant joyeuses, le sourire reparaissait sur son visage.

Nous donnâmes aussi une autre fois le *Misanthrope*

mais sans apparat. Nous aurions pu, (les grandes du moins qui restaient encore), jouer toutes nos principales tragédies que nous savions par cœur, grâce à M. Lescure. Quelles excellentes et fructueuses leçons il nous donnait! Nous avons fait avec lui de grands progrès dans la littérature et dans l'art d'écrire.

Nous voudrions pouvoir citer les noms de tous les professeurs dont nous avons eu l'avantage de recevoir les bonnes leçons. Il en est un d'Histoire Naturelle dont le nom m'échappe, et qui nous intéressait fort.

Après le départ de M. Faucheux, ce fut M. Janin qui nous donna les cours d'arithmétique et de sciences.

A cette époque, les élèves restèrent beaucoup moins pendant les vacances.

Sous la direction de mademoiselle Rouqueyrol, cela arrivait fréquemment.

Une ancienne compagne raconte que deux fois elle passa ses grandes vacances à l'hôtel Lambert et cela fort gaiement.

Celles qui restaient pendant les vacances, dit-elle, pouvaient avec raison se considérer comme les enfants de la maison, car nous étions bien soignées par toutes nos maîtresses ; et mademoiselle Rouqueyrol, dont le dévoûment et le désintéressement, s'ils furent égales, ne furent jamais surpassés, ne négligeait rien pour nous distraire.

La bonne madame Pikulska, l'économe, nous gâtait et prenait un grand soin de notre santé, comme elle le faisait toute l'année, du reste. Elle était bien secondée par Théodorine qui était passée maîtresse lingère et s'entendait fort à soigner les malades.

Ces amusantes journées à l'infirmerie pendant la convalescence d'une petite fièvre ou d'une bronchite, qui ne se souvient d'en avoir profité ! C'était l'heureux temps où l'on pleurait cependant d'un mal de gorge qui faisait manquer une composition ou privait de jouer un rôle dans la comédie préparée.

L'infirmerie était alors, comme elle est encore aujourd'hui, tout là haut, au dernier étage de la maison.

Il arrivait bien souvent à la Comtesse de gravir ces escaliers lorsqu'une élève était sérieusement indisposée. Je me rappelle ses anxiétés, lors de la maladie d'une pauvre petite compagne que nous avons perdue : Angélina Dolinger ; puis d'une autre, Marie Tchórznicka, qui se rétablit et alla passer sa convalescence à Saint-Mandé.

Nous avions pour médecin le bon et paternel docteur Charpentier auquel, après sa mort, succéda son fils.

Tel était l'institut polonais lorsqu'éclata la guerre de 1870. Il y avait 25 ans qu'il avait été fondé, et malgré les deuils successifs qui auraient pu compromettre son existence, il avait conservé son même esprit, sa même forme. Pas un instant le succès dans les études ne s'était ralenti.

Les jeunes filles, élevées dans la maison pendant cette période, sont devenues, selon la voie que leur a tracée la Providence, de bonnes mères de famille, de pieuses religieuses, des artistes, des institutrices armées pour la lutte avec la vie, toutes des femmes sérieuses, conservant dans leur cœur le culte de la Pologne.

Deux d'entre elles eurent l'honneur d'être attachées un peu plus tard à la personne de la princesse Marguerite d'Orléans, fille de S. A. R. Monseigneur le Duc de Nemours et seconde femme du prince Ladislas. Ce furent : Aniela Detkens, née en Angleterre, (elle ou sa sœur était filleule de la Csse Działyńska), qui ne quitta la princesse, après dix années passées près d'elle, que contrainte par la maladie dont elle mourut, et Marie Obalska, fille d'un officier distingué de la noblesse du royaume de Pologne, émigré en France en 1831, qui resta fidèlement attachée à la princesse jusqu'à sa mort.

Cet aperçu, si incomplet qu'il soit, des années passées à l'Hôtel Lambert, donnera une idée de la vie que nous y menions.

Nous croyons être l'interprète de toutes nos compagnes, en rendant un hommage d'affection et de reconnaissance à l'illustre famille qui a pris soin de notre jeunesse, cherchant à conserver, loin de la patrie, l'amour du pays et la langue nationale et nous élevant avec une bonté aussi active qu'intelligente.

En 1870, l'institut polonais fut fermé, les élèves licenciées. La comtesse partit en Angleterre et pendant que la directrice, auprès de laquelle était restée une petite orpheline, Dąbcia Zaluska, se réfugiait à Saint-Malo, l'Hôtel Lambert était transformé en ambulance.

DEUXIÈME PARTIE

L'Institut Polonais après la guerre de 1870.

1871 à 1874

Il y eut, nous a-t-on dit, de grandes hésitations au sujet du rétablissement de l'institut polonais après la guerre. La subvention accordée par l'état fut supprimée et la pension ne se rouvrit qu'avec un nombre très-restreint d'élèves : 10 seulement, presque toutes appartenant déjà à la maison depuis 1868 ou 1869. Un changement très grand se produit alors dans la forme des études. Les Cours de la Sorbonne, essayés en 1869, sont établis en fait pour les classes supérieures, grâce à l'initiative de la Directrice et au concours de M. Philippon; qui use de son influence pour en faire bénéficier les jeunes filles polonaises. Aussi tiennent-elles à honneur d'y briller dès leur arrivée et la série des médailles et des mentions commence à ce moment, pour se prolonger jusqu'à l'époque actuelle. Le même esprit de fraternité se conserve dans ce petit groupe, épave et dernier reste en même temps de l'émigration de 1831.

Voici ce que dit sur cette époque une élève entrée l'année même où Mlle Letellier prenait la direction de l'Institut.

« Je suis entrée à la pension en 1869 et j'eus la bonne chance d'être protégée par une grande élève dont j'ai gardé un bon souvenir et qui devait quitter la maison cette même année. Nous étions alors 45. De cette période lointaine déjà, je n'ai conservé qu'un souvenir un peu voilé, comme le sont les souvenirs d'en-

fance. Je me rappelle que nous avons acclamé Marie Kar
wowska et Hélène Piędzicka à leur retour de l'Hôtel de
Ville où elles étaient allées passer leurs examens et que
nous avons conduit au Père Lachaise Adèle Garczyńska,
une jeune fille très douce qui venait d'Alger et avait toujours froid.

Je me souviens aussi de nos diners chez la Comtesse
Działyńska. Ils étaient animés par la présence assez fré-
quente alors de la Princesse Marie, qui s'est peu de
temps après retirée aux Carmélites, et de sa soeur, cette
charmante comtesse Hélène, devenue Madame Brzo-
zowska.

Après la guerre, le mouvement des études fut transformé et Mademoiselle Letellier leur donna une impulsion toute personelle, Le Père Clerc qui nous enseignait
l'instruction religieuse avait été fusillé comme otage sous
la Commune, ces cours ne furent plus repris. Nous sui-
vîmes les Catéchismes de Saint Sulpice, très bien faits,
très intéressants et auxquels nous eûmes à cœur de
tenir honorablement notre place.

Les cours de la Sorbonne furent suivis d'une façon
plus régulière et peu à peu les grandes élèves n'eurent
à l'institut que des répétitions de ces exellentes leçons.

Nous allâmes d'abord entendre le jeudi M. Crouslé.
C'était un homme très correct, très pondéré, qui
faisait de la littérature comme un autre ferait des mathématiques, mais qui, par cela même, arrêtait toute
exagération dans nos compositions.

L'année suivante, nous allâmes aux cours de physique, de chimie, de littérature grecque et latine.

M. Egger, si passionné pour l'antiquité, réussissait
parfois à nous communiquer un peu de feu sacré. Ses
annotations étaient plutôt sévères. Nous entendions
M. Laurent de Rillé qui faisait l'histoire de la musique
et Paul Bert qui avait le talent de gagner, dès les premiers mots, l'attention et la sympathie de son auditoire.

La géométrie et l'astronomie nous laissaient froides.

Pendant cette période, le nombre de pensionnaires variait entre douze et qninze.

La meilleure élève à cette époque, une des meilleures du moins, fut Hélène Zaborowska. Ce fut elle qui remporta les premières médailles : celles d'histoire, de littérature, d'arithmétique, de géométrie. D'autres récompenses, des mentions, étaient remportées par ses compagnes.

Hélène Zaborowska, (Mme Dupuis), passa ses examens en 1875, en même temps que Marguerite Wysocka et Henriette Peplowska (Mme Belezikdji).

Mme Coiffier venait à l'hôtel Lambert, nous fait dessiner d'après la bosse, Diane et Vénus. M. Drague était notre maître de piano et un vieux professeur, étonnement savant, M. Retel, s'efforçait de nous faire déclamer les vers de Konrad Wallenrod de Mickiewicz. Son cours d'histoire de Pologne était très érudit, si érudit que je ne l'ai jamais bien compris. Mais un vent de patriotisme soufflait cependant et si nous ne savions pas bien à fond pourquoi nous aimions notre pays, quelque chose vibrait en nous. Nous étions préparées à recevoir une impression très-forte à notre premier voyage en Pologne et les souvenirs de nos familles aidant, à être plus patriotes, peut-être, que les jeunes filles élevées dans le pays même.

Je parle de cette impression d'après des souvenirs personnels, mais je crois pouvoir l'étendre à mes compagnes qui ont été élevées de la même manière et dont, après tout, le sang ne pouvait parler d'une façon différente. Notre position de filles de glorieux exilés, ayant le droit de lever fièrement la tête, égales aux plus illustres et quelques unes aussi pauvres que les plus pauvres, nous faisait un caractère spécial : ombrageux, timide, ardent, révolté parfois, difficile à contenir.

La tâche devait paraître lourde à une personne qui n'avait jamais manié le caractère slave.

Je me suis souvent demandé par quelle intuition mademoiselle Letetellier avait su réunir les qualités nécessaires à la direction de notre institut polonais. Nous admirions son attitude toujours si correcte en même temps que nous étions dominées par son intelligence. Elle a fait plus que nous élever, elle nous a suivies dans la vie, et dans les moments difficiles son appui ne nous manque jamais.

Cette époque est celle où nous connûmes la princesse Marguerite. Si près encore de sa mort qui nous a si profondément émues, à peine avons-nous le courage de nous la rappeler fiancée, épouse et mère, alors que sa présence transfigurait le vieil hôtel Lambert. Celles qui ont eu le bonheur de la connaître, savent combien elle était compatissante et bonne, et c'est un impérissable souvenir que nous conservons à celle qui fut aussi notre bienfaitrice.

Nous l'avons retrouvée plus tard dans la vie. Jamais son appui matériel ou moral n'a été invoqué en vain. Elle avait un attrait particulier pour les jeunes mères, celles surtout qui avaient été élevées à l'hôtel Lambert et plus d'une pleure et souffre de l'avoir perdue. D'une modestie très grande, elle trouvait moyen de faire le bien avec tant de discrétion, que non seulement sa main droite ignorait ce que donnait la gauche, mais qu'il a fallu sa mort pour que les regrets de ceux qui la bénissaient dévoilassent son inépuisable charité.

Les habitudes anciennes subsistent; tous les récits de cette époque en font foi. Il s'en suit qu'ils se répètent un peu, mais ce sont les cadres seulement qui restent les mêmes, les personnages et les impressions sont différents et nous nous ferions scrupule d'en rien supprimer. Les notes suivantes sont dues à deux élèves de la même époque que la précédente.

Mon premier souvenir de la comtesse Działyńska me la représente grave et imposante, mais dès qu'elle m'eût adressé la parole, je fus conquise et lui ai toujours voué une tendre et respectueuse admiration.

Cette double impression avait été éprouvée par ma sœur ainée que je venais remplacer à la pension et qui avait été aussi douce et appliquée que j'étais turbulente.

Elle m'avait raconté que sa première visite, qu'elle avait faite accompagnée de notre père, l'avait beaucoup intimidée, que la présence de la princesse Witold, (née Grochoska), l'avait aidée à se remettre et elle avait rapporté de sa visite une jolie bonbonnière en porcelaine, surmontée d'un petit oiseau, qui fit assurément notre admiration. La princesse Marie (c'est ainsi que nous désignâmes toujours la femme du prince Witold), était bien faite pour briser toute glace, pour aider à vaincre toute timidité.

Nous avions gardé le souvenir d'une visite qu'elle avait faite à nos parents et qui avait laissé comme un rayonnement dans notre modeste demeure. Ses paroles étaient douces et pleines de cœur, sa bonté et son charme pénétrants, sa simplicité très grande.

J'étais un peu vive, cette vivacité me privait souvent de la décoration, de sorte que j'allais rarement dîner chez la princesse (car c'était la récompense réservé aux sages). Cependant je me souviens que les rares fois que j'eus cette faveur, les soirées étaient égayées par la présence du comte Działyński, si sympathique, par la grâce et le charme de la princesse Marie et de sa sœur la princesse Hélène, des demoiselles de la Roche Pouchin, l'une blonde, l'autre brune, très aimables toutes les deux et du prince Auguste.

Après le repas, la princesse Iza nous initiait à plusieurs jeux pour nous distraire, entre autres à schnip, schnap, schnorum, pour Basilorum (1); jeu qui prenait fin lorsque M. l'abbé Gril, alors précepteur du prince Auguste et maintenant chanoine honoraire de Notre-Dame, s'approchait gravement du jeune homme et lui disait avec une componction qui nous amusait fort : « auguste prince, il est temps de vous coucher ».

Si ma sagesse me procurait rarement cette récompense privilégiée, j'étais en revanche de toutes les comédies. Je me rappelle entre autres celle de F. Coppée : « Fais ce que dois, » dans laquelle l'instituteur donne à son élève de si excellents conseils patriotiques. (Ce souvenir est antérieur à la guerre de 1870.) Pour remplir ce rôle il me fallait avoir l'apparence d'un homme.

Comment faire! les costumes masculins étaient prohibés à la pension... On y remédia en nous faisant des bottes de matelot et en attachant nos jupes au-dessous du genou. C'était un costume d'homme un peu fantaisiste, mais j'avais une barbe très noire et il faut croire que mon air décidé complétait la métamorphose, car le comte Jean se pencha vers M. Rusteyko, alors notre professeur de polonais et lui dit : « Mais quel est donc ce jeune garçon?... »

J'ai gardé de mon temps de pension un très bon souvenir. Nous étions gâtées et choyées non seulement par les princes, mais par notre directrice et nos maîtresses.

Nous avions pour directrice mademoiselle Letellier dont la fermeté égalait l'effectueuse sollicitude. Les premières divisions suivaient quelques cours à la Sorbonne. Dans la maison, outre M. Rusteyko qui nous donna pendant quelque temps des leçons de polonais et d'histoire de Pologne, je me souviens de M. Lescure et de ses très-intéressantes leçons de littérature, de M. l'abbé Seigneur qui nous faisait le catéchisme de Persévérance.

(1. La responsabilité de l'orthographe est laissée à la narratrice.

Notre professeur de piano était M. Drague; malheureusement j'étais très récalcitrante à la musique, je crois que cela devait venir de la crainte dans laquelle les grandes entretenaient les petites sur les trappes et les mystérieux cabinets de l'hôtel Lambert; de sorte que lorsque j'étais enfermée dans une des salles pour y faire mon étude, la frayeur m'engourdissait les doigts. Il y avait surtout un certain piano F (1)., qui nous faisait dresser les cheveux sur la tête.

Cette salle n'avait rien d'effrayant en elle-même, elle était toute petite et n'avait comme meubles que le piano et un petit poêle en hiver. Mais au haut de la porte il y avait une rainure qui, disait-on, avait été l'emplacement d'une guillotine! Au bas, se voyait une dalle qui recouvrait la trappe par laquelle on jetait les suspects dans la Seine... Nous ne réfléchissions pas qu'ils auraient au moins fait une station dans la salle au-dessous... Le piano C'était plus effrayant encore, car il était plus grand. Il possédait une immense cheminée dans l'auvent de laquelle le vent s'engouffrait, faisant entendre de vraies plaintes humaines. Aussi n'entendait-on guère ces pianos, lorsque j'y étais enfermée à clef! Mon attention était concentrée avec une inquiétude très grande sur tous les bruits qui s'y produisaient et que je cherchais à analyser.

J'avais aussi grand peur de la cave qui commençait sous notre salle de récréation, passait sous la Seine et allait aboutir à l'hôtel Saint-Paul, de l'autre côté du quai; et d'un escalier très sombre, tout noir, partant du piano E pour conduire dans les bâtiments de service de l'hôtel. Nous avions encore la frayeur de certaine chambre qui aurait fait notre admiration si nous l'avions vue : les unes l'appelaient la chambre du conventionnel

---

(1) Nous désignions par Piano A, Piano B, etc., les salles où se trouvaient les pianos.

Lambert, les, autres la chambre de Voltaire. Elle était restée, disions-nous, telle que l'avait laissée celui qui l'habitait jadis. Les visiteurs de l'hôtel ont sûrement tous admiré cette charmante et artistique retraite, attenant à l'atelier de la princesse Iza.

Ces bruits légendaires étaient de tradition parmi les élèves. Nous en trouvons la preuve dans le récit suivant d'une de nos anciennes compagnes et nous le reproduisons parce qu'il nous parait être l'écho fidèle de nos propres impressions.

SOUVENIR DU PIANO F.

J'avais à peine onze ans, je m'en souviens encore.
Assise au piano, j'étudiais un soir,
Un triste soir d'hiver. Ah! quel doux rayon dore
Aujourd'hui ce passé, qui me semblait si noir.
Dans une étroite chambre on m'avait enfermée,
La bougie éclairait ce tout petit réduit,
Le poële ne donnait qu'un semblant de fumée,
J'avais froid, j'avais peur comme on a peur la nuit.
De plus, on m'avait dit un conte si terrible
Sur ce cabinet là, que je tremblais de voir
Les armoires s'ouvrir et quelque spectre horrible
En sortir blême, affreux...., Et dans mon désespoir
Je me mis a pleurer. — C'était là ma ressource.
Qu'aurais-je fait de mieux ! — Puis, cachant de ma main
Mes yeux dont le dépit coulait comme de source,
A mon malheureux sort, je réfléchis.........
. . . . Soudain
J'entendis près de moi qu'une voix douce et grave
Me parlait bas, bien bas pour ne pas m'effrayer;
Et sans savoir pourquoi, me sentant forte et brave
Je relevai mon front. Tout parut s'égayer,
S'animer, dans ce lieu l'instant d'avant plein d'ombre;
Le feu se ralluma dans le poële endormi,
Un rayon lumineux, jaillissant d'un coin sombre,
Vint contraindre mes yeux à se clore à demi;
Et quand je les rouvris, — quelle douce surprise! —
Au lieu d'un spectre noir, je vis là, près de moi,
Celui dont je rêvais parfois même à l'église,

Quand l'orgue avec l'encens montait vers le grand Roi.
Oh! je reconnus bien ses cheveux, son visage,
Son front où du talent était empreint le sceau:
C'était, mais trait pour trait, le Chopin dont l'image
Ornait mon humble album. Comme il me parut beau!

« Mon enfant, » me dit-il, en prenant ma main frêle
Dans ces savantes mains, « je veux en ton esprit
Eveiller le talent, allumer l'étincelle
Qui brillait en mon coeur quand la mort me surprit »
Et puis il disparut. Alors mes doigts agiles
Parcourant le clavier, redirent tour à tour
Les chefs-d'oeuvre connus de cent maîtres habiles
Et bien d'autres, qui n'ont point encor vu le jour,
Qu'ils seront étonnés, pensais-je en mon délire,
Tous ceux qui m'entendront ! Quel regard stupéfait
Prendra mon professeur, quand il me verra lire
Chopin à livre ouvert mieux qu'il n'a jamais fait.
Et tout en rêvassant je jouai les ballades,
L'Impromptu me parut une étude d'enfant ;
Sonates, mazurkas, valses ou sérénades,
Qu'était-ce, tout cela, pour mon nouveau talent!...

Mais un son tout à coup me fit dresser l'oreille
Comme au lièvre oublieux qu'un chasseur eût trouvé.
La cloche qui disait la fin de notre veille
M'avait prise dormant... Hélas ! j'avais rêvé!
Le sombre et froid réduit n'en était que plus triste,
La mèche tremblotait dans son méchant bougeoir,
Le feu s'était éteint et sur sa sotte liste
La surveillante mit : «Pas travaillé ce soir »
Je dus le lendemain jouer cent fois ma gamme
Pour regagner ce temps qu'on disait temps perdu!...
Et les poignets rompus et l'ennui tout plein l'âme,
Je criais: «O Chopin, Chopin où donc es-tu? »

Il n'est point revenu, le Chopin de mon rêve,
Le devoir a rogné l'aile de mon talent,
Jamais l'encens flatteur devant lui ne s'élève,
Et je suis mon chemin d'un pas modeste et lent.
Mais je garde en mon coeur une corde vibrante
Au rythme tantôt gai comme un oiseau des bois,
Tantôt triste et rêveur. Son doux accent m'enchante
Et parfois je me dis: C'est l'écho de sa voix.

Aujourd'hui, ces effrayantes histoires ont fini leur temps, et noûs les regrettons presque. Peu après la guerre, une partie des appartements a changé de destina-tion ; des escaliers dérobés ont été mis au jour, les mys-tères se sont évanouis au premier rayon de lumière, et nous n'aurions plus peur, si nous revivions là notre enfance.

C'est en 1872 que plusieurs grandes salles, occupées avant la guerre par le pensionnat, furent supprimées. Elles n'étaient plus nécessaires, car nous n'étions que dix ou douze, tandis que le mariage du prince Ladislas rendait trop petit l'hôtel des princes. Outre une partie des appartements du premier, donnant sur la Seine, les terribles pianos y passèrent; le piano F devint une garde-robe, le piano C une chambre de femme de cham-bre, etc.

Ces nouveaux arrangements nous intéressèrent beau-coup; nous eûmes la permission d'admirer la chambre à coucher de la jeune princesse qui faisait suite à l'an-cienne chambre de la directrice. Elle était toute en satin bleu ciel, rehaussé de superbes dentelles blanches ; c'était une merveille de richesse et d'élégance, digne d'encadrer la beauté blonde et fraîche de la douce et gracieuse princesse Marguerite.

Nous avions vu la princesse avant son mariage. Elle nous avait honorées d'une visite, en compagnie d'une femme aimable et bonne qui avait été chargée de son éducation depuis son enfance et ne la quittait guère : mademoiselle Bernard. Cette dame nous avait distribué, de la part de la princesse, une corbeille de bonbons fins. La corbeille nous resta et servit quel-que temps après à contenir le trousseau d'une poupée, que les élèves de la pension habillèrent pour les petites orphelines de la rue Cassette.

Le 19 novembre, la princesse Marguerite, alors fiancée, assista à la fête de la comtesse. Ce souvenir est inoubliable pour toutes celles qui étaient alors à la pension. Nous jouâmes : « Marie Leszczyńska ou la Treille du Roi. »

Le rôle de la reine, notre compatriote, devenue reine de France, était rempli par Marynia Karwowska. Voici le récit qu'elle nous en fait :

J'étais très bien costumée, j'avais une robe de satin bleu ciel, toute parsemée de pierreries, qui avait appartenue à la princesse Iza, alors qu'elle était jeune fille. Je me tirai assez avantageusement de mon rôle et la pièce terminée, nous nous mîmes à danser, car la princesse Marguerite avait manifesté le désir d'assister à toutes nos réjouissances. Le prince Ladislas qui était pour nous, à juste titre, le type accompli de la simplicité et de l'élégance chevaleresque, vint m'inviter et nous fîmes plusieurs tours de valse dans la merveilleuse galerie.

J'étais ravie! Etait ce la reine Marie Leszczyńska que le prince invitait, ou bien la petite pensionnaire?... Quoi qu'il en fût, cette faveur m'enhardit tant et si bien, que m'approchant de S. A. R. la princesse Blanche, sœur de la princesse Marguerite et toute jeune alors, j'osai lui demander de danser avec moi, ce qu'elle fit avec beaucoup de bonne grâce. Monseigneur le duc de Nemours assistait aussi à cette soirée et se faisait expliquer les figures de la Mazur.

Une vingtaine d'année se sont écoulées depuis ces évènements et cependant ils semblent si loin, maintenant que la mort nous en sépare: quelques mois ont suffi pour creuser trois tombes : celles du prince Auguste, de la princesse Marguerite et du prince Ladislas et c'est avec tristesse que nous évoquons maintenant les souvenirs de ce temps que nous pouvons appeler déjà le temps d'autrefois.

Les deux ou trois années postérieures à la guerre de 1870 se rattachent si intimement aux années qui ont précédé que tous les souvenirs se fondent. C'est le commencement d'une nouvelle période et c'est en même temps l'ancienne. Cela vient de ce que la plupart des élèves de cette époque ont passé antérieurement quelques années à la pension. Les personnages plus anciens qui ont disparu leur sont familiers, parce qu'elles en ont entendu parler par celles qui les avaient connus, et elles mêmes se souviennent encore de plusieurs, que les générations actuelles ne connaissent plus.

Nous avons vu, lorsque la décoration nous procurait l'honneur d'aller passer la soirée chez la princesse, le comte Jean, qui prenait parfois un malin plaisir à mettre à l'épreuve notre timidité de pensionnaire; le prince Auguste, que les princes appelaient familièrement Gucio et qui ne paraissait pas plus hardi que nous; M. Blotnicki, qui malgré ses 80 ans passés était plein de gaîté et de vie. Après le dîner, nous jouions parfois « au loup ».

Nous nous mettions toutes en file derrière la princesse qui faisait le berger et nous défendait contre le loup qui était le prince Gucio. C'était des courses à travers la galerie, des éclats de rire joyeux! Nous jouions des charades, dans lesquelles, le prince Ladislas qui mettait toujours beaucoup d'entrain dans nos jeux faisait des rôles de brigand. Nous dansions quelquefois, pour peu qu'une circonstance nous y provoquât : je me vois encore en vis-à-vis avec mademoiselle Rousset, la dernière survivante, avec notre vénérée princesse, de cette longue série de grands personnages et de fidèles qui se sont succédé dans le vieil hôtel, et ont connu l'Institut depuis sa fondation.

Le mariage de la princesse Marguerite eut lieu en janvier 1872. Elle fut la bienvenue pour nous, qui nous sentions déjà aimées d'elle. Pour nos étrennes, elle avait offert à chacune de nous un livre de prières, fidèlement et pieusement conservé. Sur le premier feuillet la princesse avait écrit de sa propre main : « Vœux

pour 1872. Marguerite d'Orléans, décembre 1871. »
L'année suivante, nous reçûmes un médaillon renfermant son portrait, et chaque année elle nous donna un témoignage de son bienveillant intérêt.

Nous n'assistâmes point au mariage de la princesse, mais nous eûmes la permission de lui offrir le souvenir que nous lui avions préparé : c'était un coussin brodé de marguerites avec les écussons des deux familles.

Quelquefois, en l'absence de la comtesse, nous allions dîner chez la princesse Marguerite, quand nous avions été sages; je me souviens avec quelle grâce et quelle simplicité elle nous servait elle-même le thé, ce qui nous touchait beaucoup.

Bien longtemps après ma sortie de pension, je rencontrai la princesse aux pieds de Notre-Dame-des-Victoires. Je ne l'avais point aperçue et j'ignorais aussi qu'elle eût appris que j'avais été malade. Au moment où j'allais me lever, une main me retint par le bras et une voix très douce, la sienne, s'informa de ma santé. Cette circonstance est restée gravée dans mon cœur.

A partir de 1871, l'image de la princesse Marguerite se trouve unie aux souvenirs de la meilleure partie des élèves. C'est un mot affectueux ou une attention délicate, ou bien encore la naissance de ses enfants.

Avant de citer les quelques récits qui nous restent encore de l'époque qui a précédé la période actuelle, nous voudrions réparer une lacune de la première partie de ce travail, et mentionner la fondation de l'Association des anciennes élèves. L'idée en est due à mademoiselle Rouquayrol, assistée par Léonide et Adeline Wróblewska, morte aujourd'hui et Sophie Chodźko (madame Austin), une des brillantes élèves de son époque. Nièce de Kontski, Sophie avait de famille, comme sa sœur Marie, qui l'avait précédée à la pension, de merveilleuses aptitudes musicales. Elle a fait le charme de plus d'une soirée d'hiver, le dimanche, pendant la récréation.

Lorsqu'elle quitta l'Institut, (ce dut être vers 1864 ou 65), elle eut, avec les personnes citées plus haut, la pensée de continuer ce lien qui nous unissait toutes, en créant une association, enchaînant dans un sentiment de fraternelle solidarité toutes les élèves sorties de l'institut polonais. Une cotisation, fixée à six francs par an, fut destinée à créer un fonds de réserve, ayant pour but de venir en aide à celles qui auraient besoin d'être secourues.

Une présidente, une secrétaire, une trésorière et quelques conseillères devaient prendre en mains les intérêts de la Société et la faire prospérer. Je ne sais si Sophie ou Léonide Wróblewska ont jamais occupé la présidence de leur œuvre ; depuis que j'en fais partie, je n'ai connu que madame Zychoń qui depuis quelques années a dû y renoncer pour cause de santé. Aujourd'hui, la présidence d'honneur appartient à la comtesse ; madame Krzyżanowska est vice-présidente et madame Korytko trésorière. Indépendamment des réunions particulières qui se font suivant les circonstances, une réunion générale a lieu tous les ans, le premier dimanche de mai ; il y est procédé aux élections du Conseil qui se renouvelle tous les ans.

Le nom de Sophie Chodźko, en me remettant en mémoire son talent qui nous a charmées tant de fois, me rappelle aussi celui d'Amélie Majdrowicz qui fit à la pension, où elle vint vers 1864 ou 65, de très sérieuses études musicales, et est devenue depuis une artiste de grande valeur. La princesse Marceline s'intéressait beaucoup à elle et la faisait travailler. Plus tard, lorsque la princesse eut renoncé à la musique, au grand regret de ceux que captivait son admirable talent, elle eut la bonté de suivre avec intérêt les etudes musicales des élèves qui avaient quelques dispositions, et de leur donner ses conseils et même ses précieuses leçons.

La princesse Iza tenait beaucoup à la musique ; c'était

une joie pour elle de voir se développer le talent de ses
enfants; elle jouissait de leurs progrès qu'elle favorisait
de tout son pouvoir. Elle était très sévère sur l'exécution. Aussi quand elle avait dit : « c'est bien », avions-
nous le droit d'en être vraiment fières.

1873 à 1876

Cette lacune réparée, nous reprenons les souvenirs d'une élève entrée en 1873. A cette époque la génération de 1830 n'est plus qu'en minorité, pour disparaître bientôt, laissant la place à celle de 1848.

Je succédais à ma sœur dont les études avaient été interrompues par la guerre, et qui venait de passer ses examens. Depuis quelques années déjà, je connaissais l'hôtel Lambert ; il m'était arrivé une fois ou deux, depuis la direction de mademoiselle Letellier, de passer une journée entière au milieu des élèves, ce dont j'étais très fière. Ces quelques passages dans la maison avaient fait connaître mon caractère d'enfant terrible, turbulente, et lorsqu'il fut question de mon entrée à l'Institut, madame la comtesse Działyńska, ne consentit qu'avec crainte à me recevoir, car elle redoutait que je ne tombasse malade ou que je ne pusse m'habituer au règlement. C'est pourquoi mademoiselle Letellier décida que j'entrerais au mois de mai pour me préparer au sérieux de l'année scolaire suivante. Les grandes étaient alors :

Blanche Sąchocka, Thécla Gladyszyńska, Anna Czarnecka, Isabelle Gałuszkiewicz, Hélène Zaborowska, Henriette Peplowska, Adamine Karwowska et une plus jeune, Amélie Gutzeitt.

Je formais à moi seule une classe, une division dont s'occupa la sous-maîtresse pendant les études.

Ce n'était que pour le cours de littérature, tous les jeudis, que je m'asseyais parmi les grandes pour écouter attentivement la lecture que mademoiselle Letellier leur faisait de l'Odyssée, dont beaucoup de passages, entendus à cette époque, me sont restés gravés dans la mémoire.

Les leçons de polonais étaient données par Pani
Ryszewska qui enseignait aussi la musique aux plus
faibles. Les élèves plus avancées prenaient les leçons
avec un excellent professeur : M. Drague, ancien élève
de Chopin. Plus tard, lorsque je fus assez forte pour
suivre ses cours, je me passionnai pour la musique. Ce
maître exigeait de ses élèves une perfection de doigté,
de style, que nous nous efforcions d'acquérir par un
travail assidu. La patience de notre professeur était
souvent à l'épreuve ! Il mettait toute son âme à nous
donner nos leçons et aussi toute sa force, car je me
souviens qu'il cassa un jour une chaise en me battant
la mesure.

Le dessin nous était enseigné par madame Coiffier,
très bon professeur, plusieurs fois récompensé au Salon.

Ma vie était alors bien douce. Mademoiselle Letellier
me traitait en enfant gâtée ; je me couchais tôt, me le-
vais tard, après toutes les élèves. Grâce à cette sollicitude maternelle, je m'habituai petit à petit au règlement sévère de la maison, mon caractère se modifia et
madame la Comtesse décida que je pourrais compter
parmi les pensionnaires, l'année suivante.

Cette même année, le 20 juillet, à l'occasion de sa fête,
la princesse Marguerite donna une soirée dansante à
laquelle toutes nous assistâmes. Les danses durèrent
avec animation jusqu'à une heure du matin. Le prince
Ladislas, le comte Thadée Grocholski, les jeunes comtes
Zamoyski se distinguèrent par leur entrain.

A la rentrée d'octobre, je trouvai une compagne,
Marthe Obalska, (aujourd'hui madame Piędzicka), avec
laquelle je continuai à travailler. Comme nous étions
les plus jeunes, nous eûmes la faveur d'aller prendre
des leçons de danse avec S. A. R. madame la princesse
Blanche d'Orléans qui passait presque toutes ses journées à l'hôtel Lambert.

Elle y faisait aussi de la peinture, dans le grand

Salon rouge donnant sur le jardin, et où venaient poser Italiens et Italiennes. Les leçons de danse, données par mademoiselle Sieradzka qui venait à la pension tous les mardis, étaient une grande distraction pour nous. C'est à ces leçons que nous vîmes aussi S. A. R. madame la princesse Louise, fille de monseigneur le duc d'Alençon.

Au mois de novembre, ces leçons furent interrompues par la naissance du prince Adam que la religieuse, quelques heures après sa venue en ce monde, nous montra à travers les fenêtres donnant sur le jardin où nous prenions nos récréations. Quelques jours plus tard, l'enfant était baptisé en présence des membres de la famille et nous reçûmes notre boîte de dragées.

Ce jeune prince que nous voyions grandir, devint l'attrait de nos récréations. L'été, son berceau était transporté au jardin et pendant que l'enfant reposait, nous suspendions nos jeux et prenions mille précautions pour ne pas troubler son sommeil.

Plus tard, quand il commença à marcher, conduit par mademoiselle Doyen qui avait aussi élevé la princesse depuis sa naissance, nous le suivions pas à pas, ayant à notre tête monsieur Blotnicki, que l'enfant appellera plus tard Bobo, quand il commencera à bégayer. Le pauvre Stefan lui-même semble recouvrer la raison, et cesse de fredonner son continuel *Alleluia* pour contempler le fils de ceux qui l'ont recueilli.

Je ne sais depuis combien de temps ce fou était dans la maison, mais il y avait bien des années, car toutes nos anciennes compagnes le connaissaient. Qui était-il, d'où venait-il, nous n'en savions rien. Nous essayions tous les jours de le faire causer, mais en vain. Ses phrases étaient dénuées de sens, et seul, le nom de Marysia qui revenait souvent sur ses lèvres, semblait frapper son esprit, puisqu'en le prononçant il devenait triste et pleurait. Stefan était très doux et très bon, nous le voyions souvent au jardin où il venait pendant nos récréations. En automne, il avait la manie de s'enterrer sous les feuilles mortes. En été, lorsque le vieux mûrier que nous connaissons toutes donnait ses fruits, il montait à l'arbre pour nous cueillir des mûres. Si nous n'étions pas à ce moment au jardin, il avait soin de les déposer sur le banc ou sur une des caisses d'oranger, soigneusement arrangées dans les feuilles. Le pauvre Stefan est mort aujourd'hui et aucune de celles qui l'ont connu ne pense à lui sans un sentiment de compatissante pitié.

La princesse Marguerite s'occupait beaucoup de son fils ; nous la voyions souvent le faire manger elle-même, et dans nos promenades, nous la rencontrions parfois poussant la petite voiture de l'enfant. A Pâques, pendant la cérémonie du « Bénit », la princesse reçut les invités, ayant le jeune prince Adam entre ses bras.

La princesse Marguerite n'était pas seulement une bonne et tendre mère, elle était affable et gracieuse avec nous qui en étions très touchées. Elle ne nous oubliait jamais au jour de l'an, et nous avions toutes un livré de prières sur lequel elle inscrivait son nom.

Tous les ans, le 20 juillet, jour de sa fête, qu'elle fût à Paris ou non, nous avions un magnifique goûter commandé chez Sirandin et une promenade extraordinaire.

Nous relions les quelques indications qui terminent les souvenirs précédents, à ceux qu'une élève de la même période nous donne sur le temps qu'elle a passé à l'institut.

Je suis entrée à l'institut au mois d'octobre 1874 :

Je me souviens de mon arrivée dans le grand salon rouge du premier étage. Mademoiselle Letellier accueillit avec bonté cette nouvelle recrue, mais son air imposant me troublait étrangement, et tout de suite j'éprouvai cette crainte respectueuse qui pour nous était peut-être le commencement de la sagesse.

Cette année là, nous n'étions que deux nouvelles : Marthe Wysocka et moi ; nous formâmes la petite division avec Jadwiga Czajkowska, entrée depuis deux ans déjà. Toutes les autres élèves étaient pour nous « des grandes »; mais le cours supérieur: Marguerite Wysocka, Hélène Zaborowska et Célestine Gladyszyńska qui passèrent leurs examens avec succès au mois de novembre, nous inspiraient le plus grand respect, d'autant plus qu'elles étaient chargées de nous faire certains cours. Le cours moyen comprenait Augustine Nagajska, Marthe Obalska, Amélie Gutzeitt, Bronia Królikowska, Wanda Hauszyld, Véronique Borzobohata et Marie Piędzicka. Ce cours était fait en partie par la directrice et en partie par notre maîtresse de classe, mademoiselle Godard, bonne et excellente personne, mais n'ayant pas grande autorité sur nous. De plus elle était myope, ce qui facilitait beaucoup nos espiègleries. Les grandes suivaient les cours de la Sorbonne où elles remportaient de brillants succès qui devaient être égalés, si non surpassés dans la suite.

Cette année là, nous avions comme dames enseignant le polonais : Pani Konopczyńska et Pani Błotyszewska et comme professeur, M. Rotel. Nos anciennes avaient eu pour professeur, M. Rusteyko qui avait enseigné la langue polonaise à la princesse Marguerite. La princesse avait eu à cœur d'apprendre la langue que devaient parler ses enfants. Merveilleusement douée pour cette étude, comme pour toutes les autres, au reste, elle était, parait-il, une excellente élève, et nous avons entendu M. Rusteyko en parler avec admiration. Elle était parvenue à s'exprimer en polonais sans accent. La princesse se louait beaucoup de son professeur qu'elle trouvait parfait dans son enseignement. Il est tout probable que le mérite pouvait être partagé par le maître et par la noble élève. Le résultat fut que la langue polonaise devint familière à la princesse.

Sa femme de chambre était polonaise et ne lui parlait que dans cette langue. La princesse fit plus tard à ses jeunes enfants des lectures en polonais et récitait moitié en français, moitié en polonais, la prière du soir avec eux. Pendant ses séjours en Galicie, la connaissance du polonais facilitait beaucoup ses rapports avec ses paysans pour lesquels elle avait une grande sollicitude.

Tous les soirs, la directrice montait en classe lire les notes et faire la prière; puis, après l'avoir saluée, nous montions au dortoir. Mademoiselle Letellier retenait les plus petites : Marthe Wysocka, Françoise Nagajska, etc., pour les embrasser et leur demander si elles étaient contentes de leur journée. Comme le cœur nous battait, quand nous n'avions pas été sages ou qu'une leçon n'avait pas été sue!

Au mois de juillet, je reçus la Confirmation dans l'église Saint-Louis. A cette occasion, la princesse Marguerite me fit appeler pour m'embrasser, me dit-elle, au nom de maman dont j'étais éloignée, et m'offrit un joli livre de prières « le Livre de la jeune fille », qui a été le fidèle compagnon de toute ma jeunesse, et dont les pages jaunies me rappellent tant de chers et doux souvenirs.

Au mois d'octobre 1875 entrèrent cinq nouvelles : Gucia Jabłońska, Olympe Swięcicka, Wanda Derengowska, Zosia Grabowska et Sophie Osuchowska. Gucia Jabłońska fut admise dans notre division, devenue cours moyen, et dès lors pendant tout la durée de nos études, nous ne nous sommes plus quittées. Il y avait entre nous une entente parfaite, une amitié qui a résisté à la séparation et aux années. Du reste, il est un fait bien propre à satisfaire le cœur de notre bien aimée princesse, c'est l'affection qui nous unissait toutes. Maintenant encore, lorsqu'il nous est donné de nous retrouver, c'est toujours avec une satisfaction profonde;

et cela non seulement entre élèves de la même époque, mais encore entre celles qui ne se sont pas connues à l'hôtel Lambert. Etre de l'institut polonais, cela suffit pour que les mains se tendent et que les cœurs sympathisent.

Cette année-là fut marquée par un grand événement : la naissance du prince Witold, le 10 mars 1874. Le baptême eut lieu dans un des salons de l'hôtel. Le parrain fut le prince Auguste, la marraine, la princesse Blanche. Nous eûmes chacune notre boîte de dragées aux armes des Czartoryski.

La naissance du prince Witold amena quelques changements dans la pension. Le premier étage nous fut enlevé pour être affecté aux jeunes princes et à leur service ; il ne resta que la petite chambre carrelée qui est aujourd'hui le bureau de madame la directrice et qui donne issue au jardin par le grand balcon. Le salon et la chambre de la directrice furent transportés au deuxième, à côté des classes.

Ce fut dans le courant de l'année 1874 que M. Gasztowtt remplaça M. Retel comme professeur de polonais. Les cours de M. Gasztowtt eurent un grand succès ; son cours de grammaire était très clair et, quant au cours de littérature, il devint après deux ou trois années un véritable plaisir pour nous, tant notre professeur savait nous le rendre intéressant par ses lectures et par ses traductions. Aussi lorsque plus tard je passai quelques années en Pologne, ce fut avec un véritable plaisir que j'entendis louer l'instruction littéraire de notre institut.

M. Winceslas Gasztowtt était fils d'un émigré distingué de 1831. Né en France, mais très polonais par le cœur, il avait mis tous ses soins à l'étude de sa langue paternelle dont il acquit la connaissance approfondie ; ce qui ne nuisit en rien à sa langue maternelle, car ses traductions en vers des chefs-d'œuvre de notre littéra-

ture polonaise, (je puis citer celles de Kochanowski
(Treny) et de Słowacki, celui de nos poètes dont l'in-
terprétation est le plus difficile), défient toute cri-
tique.

Le professeur d'histoire de Pologne à cette époque
fut une ancienne élève, madame Wrześniewska. Très
consciencieuse, elle se donnait beaucoup de peine pour
que notre belle histoire nous devint familière et y réussissait. Madame Wrześniewska donna aussi des leçons
d'histoire de Pologne à la princesse Marguerite qui lui
fit l'honneur d'être la marraine de sa petite fille. Marguerite Wrześniewska fut plus tard élevée à l'Institut.

Les études en polonais furent très bonnes à cette époque. Nous eûmes pour dame polonaise une charmante
personne, fort intelligente, qui sut nous rendre agréable
et profitable la demi-heure obligatoire de conversation
pendant la récréation. Dès que sonnait l'heure, nous
courions vers elle pour entendre les merveilleuses histoires qu'elle nous racontait, tout en se promenant avec
nous autour de la pelouse du jardin.

Ce fut en 1876, que mademoiselle Letellier reçut en
grande cérémonie, dans le salon rouge du premier,
donnant sur la petite serre, la mention honorable que
lui avait value son intelligente direction de notre Institut.

La fin de cette même année, devait nous apporter,
après la joie que nous avait causée la réussite aux examens de notre bonne compagne Amélie Gutzeitt, une
pénible surprise : la nouvelle du départ de mademoiselle Letellier qui dirigeait la pension depuis 1868. Ce
départ nous affligea toutes, notre directrice ayant su
conquérir notre affection et notre confiance. En nous
faisant ses adieux, le jour de la distribution des prix, elle
nous promit de ne point oublier ses petites Polonaises.

Elle a tenu parole : son affection, ses conseils, son
bienveillant appui ne nous ont jamais manqué. Par une
curieuse coïncidence, mademoiselle Letellier allait pren-

dre à Nogent-sur-Marne, la direction d'une institution
que mademoiselle Boutet avait aussi dirigée en quittant
l'Institut polohais, quelque trente ans plus tôt, et qu'elle
avait rendue prospère.

————————

1876 à 1881

Ce fut mademoiselle Gasztowtt qui succéda à mademoiselle Letellier de 1876 à 1877.

Mademoiselle Gasztowtt ne fit que passer à l'Institut. Elle aspirait depuis longtemps déjà à la vie religieuse et prit le voile au couvent polonais de la Visitation de Versailles. Sa direction ne nous a laissé que le souvenir de sa grande piété.

Voici les noms de quelques élèves de cette époque : Eva Peplowska, qui, comme ses sœurs aînées Emma et Louise, fut baptisée et fit sa première communion à la pension. (Emma eut même l'honneur d'avoir pour parrain le prince Ladislas), Kazia Plauszewska, Jeanne Wrześniewska, Hedwige Noińska.

Il y eut à cette époque changement de plusieurs professeurs :

Madame Vallon remplaça monsieur Drague, (ceci eut lieu en 1875). Le père Desjardin remplaça pendant peu de temps monsieur l'abbé Bernard, aumônier de l'École Normale supérieure, puis fut remplacé à son tour par le père Lechevalier de l'Oratoire, qui resta pendant bien des années le directeur spirituel de la maison.

Intelligent et bon il s'attacha à notre Institut, s'efforçant de nous inculquer les principes d'une foi vive et éclairée, capable de nous soutenir plus tard dans les luttes et les difficultés de la vie.

Nous eûmes avec mademoiselle Gasztowtt moins de rapports qu'avec nos autres directrices. Elle avait confié l'entière direction des études à mademoiselle Gaudry, notre maîtresse de classe, qui lui succéda l'année suivante comme directrice.

Mademoiselle Gaudry conserva la direction de l'Institut de 1877 à 1881.

Elle nous fit faire de très bonnes études ; il fallait avec elle travailler et réussir. Pour arriver à ce résultat, elle tâchait d'exciter notre émulation par tous les moyens.

Le caractère polonais est orgueilleux, elle ne sut pas très bien le comprendre ; c'est pour ce motif que les sympathies polonaises n'allèrent peut-être point à elle dans la proportion à laquelle elle eût eu le droit de s'attendre, d'après les efforts tentés et les résultats obtenus sous sa direction.

Les six élèves qu'elle présenta aux examens, à la session de Pâques furent toutes reçues, voici leurs noms :

Marie Tchórznicka, Augustine Nagayska, Marthe Obalska, Louise Peplowska, Véronique Borzobohata et Wanda Hauszyld. A cette occasion, la princesse Iza, qui ne perdait aucune occasion de nous témoigner sa satisfaction de nos succès, vint dîner avec nous au réfectoir avant le départ des lauréates.

Il y eut beaucoup de nouvelles à la rentrée de 1878 :

Marie Gregorowicz, Wanda Święcicka, Thérèse Kowalska, Edvige Karwowska, Emma Milewska.

Les cours de la Sorbonne étaient suivis avec grand intérêt. Ils étaient faits alors par M. Blanchet, pour l'histoire ; MM. Dupré et Crouslé, pour la littérature ; M. Fernel, pour la physique ; M. Riche, pour la chimie. Le cours d'histoire naturelle était fait par M. Brocchi ; (il épousa une de nos anciennes compagne Jeanne Ostrowska) ; celui de musique par M. Laurent de Rillé, et celui de géographie par MM. Périgot et Levasseur.

Nous eûmes quelque succès dans les concours de fin d'année ; Marthe Wysocka eut une médaille de géographie, Gucia Jabłońska une de littérature, Françoise Nagajska une d'histoire avec une mention de physique.

A partir de cette époque, l'habitude fut prise de suivre tous les cours, au lieu de quelques uns auxquels nous assistions jusque là, et ce mouvement s'est conservé jusqu'à aujourd'hui.

Marie Piędzicka passa ses examens en avril 1879.

Ses compagnes de la première classe : Marguerite Wysocka, Gucia Jabłońska, Augustine Nagajska, à la fin de la même année. Elles rentrèrent en octobre pour préparer leur brevet supérieur.

Outre les cours à la Sorbonne, nous travaillions à la pension le piano avec madame Wallon, le dessin avec madame Coiffié et l'anglais avec madame Korzeniewska. Cette première année se passa sans incidents, mais dès que le programme de 1881 eut été publié, des oppositions de diverses sortes se déclarèrent au sujets de ces examens. La comtesse Zamoyska y était défavorable, mademoiselle Gaudry qui avait mis tous ses soins à nous préparer, avait à cœur de nous voir arriver à un résultat et la princesse qui savait combien nous le désirions et qui tenait à l'honneur de son Institut, désirait notre réussite. Ce fut un moment de lutte qui nous causa quelque crainte et un peu de souci. Nous travaillions ferme cependant sous la direction de mademoiselle Gaudry et de M. Gasztowtt qui nous donnait des leçons d'histoire et de littérature. Nous eûmes la joie de passer avec succès.

L'impulsion était donnée et l'Institut put dorénayent aspirer à ce diplôme, devenu nécessaire par suite des exigences croissantes de l'enseignement.

Mademoiselle Gaudry se retira au mois de juillet 1881, ayant ouvert la voie qui devait être suivie avec succès dans la suite.

TROISIÈME PARTIE

L'Époque Actuelle.

1881 à 1890

Nous croyons devoir faire de cette époque une partie distincte, parce que, tout en se reliant au passé, elle a des caractères qui lui sont propres.

L'histoire de l'institut polonais pourrait se diviser en trois périodes : La première comprenant sa création et son organisation sous sa fondatrice, la princesse Anna ; sa continuité avec la princesse Iza, recevant et conservant pieusement l'héritage qui lui a été destiné dès l'origine, avec lequel elle a vécu, et qui lui rappelle cette époque douloureuse de 1830, dont le prince Adam est une des plus nobles victimes.

Cette partie pourrait être appelée : Franco-Polonaise. La reconnaissance se partage entre les illustres représentants de la nation en exil et la France qui a si généreusement reçu et protégé les bannis.

La seconde époque est presque une époque de transition : l'œuvre vivra-t-elle ou la laissera-t-on périr ? La première génération est élevée, celles de 1848, puis de 1863 ont succédé. De douloureux évènements nous ont enlevé en partie les sympathies de la France qui se montre moins généreuse, et la comtesse est seule à soutenir son œuvre.

Enfin l'époque actuelle qui triomphe de toutes les hésitations passées et qu'on peut appeler la période essentiellement polonaise.

Après la guerre, toute subvention avait été retranchée; le chiffre des pensions, que la princesse devait bientôt supprimer entièrement, était si insignifiant qu'il comptait à peine, et l'institut n'avait été réorganisé que grâce à la générosité de la comtesse Działyńska et au désintéressement des personnes attachées au pensionnat. Par une faveur spéciale cependant, les cours de la Sorbonne sont continués aux jeunes filles polonaises.

A partir de 1881, ces cours même sont aux frais de la comtesse, qui assume généreusement toutes les charges. Jamais période n'a été plus entièrement la sienne et jamais la princesse ne s'est montrée plus maternelle pour les enfants dont elle est la bienfaisante protectrice.

L'organisation intérieure subit aussi quelques changements. Une classe est formée de grandes jeunes filles venues des provinces polonaises : Allemagne, Autriche, Russie. Elles ont terminé leurs études, quelques-unes ont vingt ans et plus; elles viennent soit pour apprendre, soit pour perfectionner la langue française et les arts d'agrément.

C'est à mademoiselle Bocquillon, qui prit à cette époque la direction de l'institut, que revient le mérite de cette initiative. Mademoiselle Bocquillon ayant passé antérieurement plusieurs années en Pologne, avait un talent véritable pour manier ces caractères faits déjà, mais qu'elle connaissait pour avoir vécu parmi eux. Très gaie, très spontanée elle était fort aimée de ses élèves auxquelles elle était sincèrement et affectueusement dévouée.

Voici quelques noms d'élèves polonaises de cette époque :

Hedvige Grabowska, Olga Klińska, Eléonore Grabska, Marie Zawadzka, Marie Kolyszko, Hedvige Dembinska, H. Twardowska, Marie Sokołowska, Annette Mirosławska, Zosia Otocka, Caroline Berberiusz, Marylka Piechocka, etc.

Une élève de cette époque a eu l'honneur d'être attachée à madame la comtesse Działyńska, auprès de laquelle elle est encore : c'est mademoiselle Hela Stan,
du grand duché de Posen.

Les notes que nous avons sur ce temps sont partie
en polonais, partie en français. Vu l'impossibilité de les
enchaîner en un seul récit, nous reproduisons ces fragments par ordre de dates.

I

Les Beaux jours à la pension. — En écrivant ce
titre je me sens toute embarrassée. Les beaux jours à
la pension; mais ils étaient tous si beaux pour moi,
qu'en ce moment encore je n'y puis penser sans émotion. Heureux temps dont j'ai conservé un souvenir si
doux! Chaque jour m'amenait un plaisir nouveau dont
jamais je ne me rassasiais et que je garde au fond du
cœur. En ce temps là, mon horizon se bornait à la limite
du pensionnat. Un devoir bien fait, une leçon bien sue,
de bonnes notes lues par notre chère princesse avec un
regard approbateur, c'était tout ce qu'il me fallait pour
me sentir heureuse.

Lorsqu'à cela s'ajoutait la visite de mes parents, une
bonne causerie avec une compagne préférée, je ne dé-
sirais plus rien. Tous ces petits bonheurs m'arrivaient
si naturellement à chaque instant, que ce n'était qu'une
chaine de ces beaux jours que je ne puis analyser pour
les avoir trop goûtés.

Beaux jours, que ceux où j'entrevoyais à la suite d'un
cours de la Sorbonne une idée nouvelle, inconnue encore pour moi; beaux jours, lorsque pour récompenser
nos efforts nous étions admises à passer quelques heures
près de la princesse. Tout enfin n'était qu'une succes-
sion de satisfactions intimes. Et les jours où je pouvais
rester quelques heures dans la chambre do notre direc-

trice que j'aimais et vénérais tant! quel bonheur! Oh!
ces intimes conversations dans cette petite chambre verte
et blanche, qui me les rendra! Il me semble encore me
voir au coin du feu, assise sur une petite chaise basse,
à côté de mademoiselle Bocquillon, devisant et racontant
de tout et sur tout.

J'aimais tant la discussion et mademoiselle discutait
avec tant de charme, d'érudition et de bonté. Et les sujets était si variés! Là, jamais d'arrière-pensée, mon
âme ne craignait pas de se montrer tout entière, ne cachant aucune ombre. Et quand la gronderie s'en mêlait,
elle était si douce et si maternelle, que cette gronderie
elle-même m'était chère : ne me prouvait-elle pas une
fois de plus une vraie affection. C'est sous cette salutaire influence que j'essayais de modifier ce qu'il y avait
de défectueux en moi. C'est à ces chers instants que je
dois tout ce que j'ai fait de bien dans ma vie.

Nous ne pouvions jamais nous entendre sur Sainte-
Beuve, Victor Hugo et Fénélon et nous défendions
chacune nos convictions avec une égale ardeur. « Esprit paradoxal », me disait mademoiselle avec un bon
sourire. Je le savais bien tout bas, mais la polémique
me plaisait trop pour le reconnaitre tout haut.

Que tout cela est loin! Malgré les épreuves de la vie,
il me reste toujours au cœur un souvenir frais et conso-
lant de ces jours ensoleillés si tôt disparus. En y son-
geant, il me semble goûter encore les plaisirs de ce
temps.

Avec quelle joie, nous préparionsles comédies pour
la fête de notre protectrice. Nous n'avions peut-être
pas grand talent, mais nous avions si bonne volonté,
nous étions si fières lorsque nous avions pu réussir
à faire éclore un sourire indulgent sur les lèvres de
la princesse, ou lorsque nous recevions un compliment
de sa part. Et lorsque nous dansions les danses nationales, toutes sortes de plaisirs se mélangeaient en

nous: celui d'être regardées par la princesse, de danser, ce qui est toujours apprécié par les Polonaises et d'être revêtues de ces jolis costumes qui nous changeaient de notre uniforme. Quel plaisir aussi lorsque nous allions au théâtre, aux matinées classiques ou aux soirées populaires; et lorsque la princesse toujours si bonne, si généreuse, ne se contentant pas de nous assurer l'avenir, mais voulant encore nous causer de la joie, nous donnait à chacune pour Noël des cadeaux magnifiques. Avec quel ravissement nous regardions ces étrennes superbes et quel sentiment de gratitude s'élevait de nos cœurs vers notre bienfaisante princesse.

Tous ces bonheurs se sont envolés pour ne jamais plus revenir. Il ne reste qu'une reconnaissance éternelle et des souvenirs aimés; mais c'est encore un trésor, puisque c'est une consolation.

II.

Spełniło się moje najgorętsze życzenie! Została przyjętą do zakładu Hotelu Lambert i policzoną w poczet tak nazwanych «Grandes Polonaises, których głównem jest zadaniem wydoskonalić się w języku francuzkim i w muzyce.

Poznać Paryż było oddawna szczytem mych najmilszych marzeń. Nie byłabym może nigdy ujrzała brzegów Sekwanny, gdyby nie wielce dobroczynny zakład Jaśnie Wielmożnej z Książąt Czartoryskich, p. Hrabiny Działyńskiej, który mi zapewniał naukę i pobyt bezpłatnie. Dziwnem zrządzeniem losu, miałam szczęście jeszcze w Księstwie poznać dostojną Dobrodziejkę Hotelu Lambert, chociaż wprawdzie tylko w przelocie. Krótko przed mym wyjazdem do Paryża, wracałam od krewnych koleją z Ostrzeszowa. Siedziałam sama jedna w wagonie, w Antoninie weszła do mego przedziału starsza, poważna matrona, pełna dystynkcyi i nadzwyczaj sympatycznej powierzchowności. Jechałyśmy razem parę godzin, w ciągu których zawiązała się między nami dość ożywiona rozmowa. Ośmielona uprzejmością mej towarzyszki podróży, wspomniałam jej o wyjeździe mym do Francyi za dni parę. Byłam wówczas we wiośnie życia, w której to szczęśliwej epoce, człowiek zwykle serce ma na języku. Otwarcie więc opowiadałam, iż obok radosnych uczuć, smutek i trwoga ogarniają me serce na myśl rozłąki z domem, w którym miałam zostawić ukochanego ojca i rodzeństwo, by rok cały spędzić w tak dalekich stronach. Bądź Pani dobrej myśli, ja znam dobrze Hotel Lambert, znam również p. Działyńską — jestto zacna mię wielka dusza, i pod jej opieką będzie pani dobrze. Temi słowy pocieszała mnie nieznajoma mi Pani, która coraz więcej poczęła mię intrygować. Nie śmiałam się pytać o jej nazwisko, tyle mię było jasnem, iż pochodziła z wysokiego rodu.

Zbliżyła się stacya J. dokąd moja towarzyszka podróży zdążała; kiedy wychodziła z wagonu równocześnie ze sąsiedniego oddziału wysunęła się wspaniałej postawy kobieta, ubrana w czerń — obie te Panie ujrzawszy się niespodzianie rzuciły się wzajemnie w objęcia, witając się serdecznie. Stałam we drzwiach wagonu, gubiąc się w domysłach, kto to być może. . . aż po chwili, moja towarzyszka podróży zwróciła się ku mnie pożegnalnym ruchem, a zwracając się do osoby z którą się witała, rzekła: «Izo, przedstawiam Ci Twą przyszłą wychowankę Hotelu Lambert, pannę Zawadzką.

Zdumiałam! Zrobiwszy nizki ukłon, ciekawym wzrokiem objęłam dostojną dobrodziejkę zakładu; pociąg ruszył, a jej obraz został mi żywo wryty w duszy — taka słodycz i dobroć promieniała w szlachetnych rysach twarzy przy iście królewskim majestacie! Więc to była pani Hrabina Działyńska, a moja nieznajoma z kolei zwała się ks. Lubomirska, jak się dowiedziałam później. — W parę dni po wyżej opisanem spotkaniu, opuszczałam dom rodzinny 1go Października 1881 roku. Wsiadłam do wagonu z kilku koleżankami, lokomotywa świsnęła i wkrótce przez mgłę i dym tylko widziałam ukochane twarze, goniące mnie spojrzenia i ręce powiewające chustkami. Jakkolwiek z taką ochotą podążałam do stolicy Francyi, do tyle mi sympatycznego kraju, w sercu zadźwięczała struna żałośnie przy pożegnaniu z rodziną.

Podróż skierowałyśmy na Drezno, Kolonią. W Dreznie zatrzymałyśmy się dni kilka celem zwiedzenia tego eleganckiego miasta, zwanego małym Paryżem.

Podziwiałyśmy muzea, Grünes Gewölbe i Johaneum — w ostatnim wiele narodowych odnalazłyśmy pamiątek — lecz przedewszystkiem, zachwyciła nas wspaniała galerya obrazów, którąśmy niestety tylko pobieżnie zwiedzieć mogły. Niepodobna nam było opuścić Drezno, by nie poznać śp. Józefa Kraszewskiego, który wówczas mieszkał w tem mieście.

Podążyłyśmy więc na Nordstrasse, gdzie w uroczej willi pędził żywot sławny nasz powieściopisarz. Zarekomendowałyśmy się jako Wielkopolanki jadące do Hotelu Lambert, które mu pragną złożyć cześć i hołd.

Nie wątpię, iż ta rekomendacya wpłynęła na nasze przyjęcie, gdyż w parę chwil ujrzałyśmy Kraszewskiego witającego nas mile i łaskawie.

Był on wówczas już poważnym starcem, lecz obok rzeżkości w ruchu zdradzał wielką bystrość umysłu. Opowiadał nam, iż będąc w Paryżu, parę razy Hotel Lambert odwiedział. Z wielkiem uznaniem wyrażał się o p. Hr. Działyńskiej i o Księstwie Czartoryskich— mówiąc o pierwszej naznaczył, że ta wielka Pani obok wysokich zalet duszy, posiada głęboką wiedzę i umysł niepospolity.

Pokazywał nam następnie Kraszewski wszystkie dary wspaniałe, które otrzymał na swój jubileusz, wspominając, iż ze wszystkich tych drogocennych upominków, najmilszą dla niegoj est pamiątką, — album złożony z listów dzieci.

Godzina minęła nam jak jedna chwila, czas było pomyśleć o powrocie.

Niech Was Bóg blogosławi i doprowadzi szczęśliwie do celu Waszej podróży, były słowa, które Kraszewski rzucił nam na pożegnanie. Wieczorem stanęłyśmy w Kolonii, gdzie miałyśmy przenocować, by nazajutrz w dalszą udać się drogę. Z okien Hotelu najpyszniejszy przedstawił się nam widok Renu. Cała Kolonia widna była jak na dłoni : światła, spiętrzone grupy domów, ciemne sylwetki kominów, a nad wszystkiem tem wspaniała katedra, górująca nie tylko wieżami, ale i sklepieniem nad całem miastem, wyniosła, spokojna, uroczysta i milcząca.

Największe gmachy miejskie wydały mi się lepiankami, tulącemi się pod skrzydła potężnej swej matki. Nazajutrz rano opuszczałyśmy Kolonię pociągiem, który miał nas wprost zawieźć do Paryża. Od granicy francuzkiej najcudniejsze widoki jak w kalejdoskopie przesuwały się przed naszemi oczyma. Z prawdziwym zachwytem wpatrywałyśmy się w czarujące krajobrazy, które dawały nam przedsmak pięknej stolicy Francyi. Wreszcie pociąg z wielkim łoskotem, stukiem, świstem lokomotywy stanął na miejscu ! Paris, Paris, wołali kolejowi urzędnicy, otwierając równocześnie drzwi od wagonów. Wysiadłyśmy spiesznie, podążywszy do sali d'attente, gdzie nas oczekiwała ekonomka Hotelu Lambert, p. Bensezech.

Według umowy trzymałyśmy wszystkie chustki do nosa przy ustach, celem dania się poznać—co wywołało na razie nader humorystyczną scenę.

Zrewidowano nasze rzeczy — i w pół godziny jechałyśmy dorożką przez ulice Paryża, który skąpany w świetle elektrycznem, imponująco się przedstawiał.

Wreszcie doróżka skręciła w wązką uliczkę Św. Ludwika i zatrzymała się niebawem.

Byłyśmy w Hotelu Lambert ! . .

Tego samego wieczoru jeszcze, zostałyśmy przedstawione przełożonej zakładu p. Bocquillon. Była to osoba lat średnich, pełna życia i nadzwyczaj ujmującej powierzchowności. Uścisnęła nas tak czule na powitanie, iż nas od razu ujęła za serce, powiedziała nam zaraz na wstępie, iż wszelkich dołoży starań, by nam rozłąkę z rodziną osłodzić.

Wspomniała, że z wielką jest sympatyą dla Polski, w którym to kraju spędziła lat parę i jak najmilsze wywiozła zeń wspomnienia.

Wyszedłszy z pokoju Przełożonej, raźniej zrobiło mi się na duszy i błogi spokój mną owładnął.

Rozpoczęłyśmy rok szkolny Mszą św. w kaplicy zamkowej. W gorącej modle prosiłam Boga, by pobłogosławił mej pracy, i dozwolił zadowolnić dostojną dobrodziejkę zakładu, u której miałam zaciągnąć tyle długów wdzięczności.

Z całym więc zapałem zabrałam się do nauki języka francuzkiego i do gry na fortepianie, której udzielała nam Pani Wallon z wielkiem zamiłowaniem i umiejętnością.

Pamiętam jej lekcye, na których można było wiele korzystać, gdyż Pani Wallon nie tylko uczyła poprawnej gry na fortepianie, ale i poczucie piękna artystycznego budziła w nas !

Czas wśród pracy i rozrywek szybko, korzystnie i nader przyjemnie nam upływał.

Co za idealna osoba była nasza Przełożona ! Zawsze czynna, zawsze wypogodzonej twarzy, prawdziwą duszą była zakładu. Niezmordowana w pracy, by nam pobyt w Paryżu jak najkorzystniejszym uczynić, potrafiła wytworzyć wśród nas taką atmosferę ciepła rodzinnego, iż zapominałyśmy nieraz, że się znajdujemy w obczyźnie.

Niedziele i święta poświęcałyśmy często przy sprzyjającej pogodzie zwiedzaniu znakomitości Paryża; wieczorem zaś co dni kilkanaście dostępowałyśmy wysokiego zaszczytu być ugaszczane na komnatach u pani hrabiny Działyńskiej.

Dostojna nasza Dobrodziejka najczulszą z swej strony otaczała nas opieką, wnikała we wszystkie nasze potrzeby, nie szczędząc kosztów na nasze kształcenie. Wieleż to razy pani Hrabina odwiedzała osobiście naszą klasę, interesując się szczerze naszemi postępami w naukach i w muzyce. Wszystkie wychowanki zakładu ze czcią i uwielbieniem wspominają czcigodną swą Dobrodziejkę.

Krewnym i znajomym wolno było w popołudniowych godzinach odwiedzać pensyonarki w Hotelu Lambert. Córki emigrantów, tak zwane « franco-polki » dużo odbierały wizyt przez zamieszkałą w Paryżu rodzinę. My « grandes polonaises », nie mając swoich w mieście, byłyśmy poniekąd pokrzywdzone w tej mierze. — Jedynie pan Rustejko nas niekiedy odwiedzał. Przez jego pośrednictwo przyjęte zostałyśmy do hotelu Lambert. Pomiędzy sobą zwykłyśmy nazywać p. Rustejkę « notre grand-papa », i zawsze z wielką radością podążałyśmy do parloiru, gdzie nas oczekiwał.

Jedną z najwspanialszych uroczystości w Instytucie i jednym z najweselszych dni na pensyi, był dzień Imienin Pani Hrabiny Działyńskiej, na którą to chwilę serca nasze radością się napełniały, gotując Dostojnej Dobrodziejce już naprzód wiele niespodzianek. Bo czy kiedykolwiek stosowniejsza była pora na wynurzenie Jej naszych uczuć wdzięczności?

To też nie szczędziłyśmy zabiegów, ni trudów, by naszemi małemi siłami przyczynić się do uświetnienia tego uroczystego dnia, którym był 19-ty Listopada.

Po odbytej Mszy św. na intencyą pani Hrabiny — zebrały się wszystkie wychowanki zakładu z Przełożoną i nauczycielkami na czele w galeryjnej sali hotelu Lambert.

Ja miałam ten zaszczyt w imieniu moich koleżanek w dłuższej przemowie wynurzyć serdeczne życzenia i zapewnić Dostojną Solenizantkę o naszej głębokiej czci i dozgonnej wdzięczności! poczem wręczyłyśmy pani Hrabinie Działyńskiej exotyczną roślinę jako mały upominek od jej przywiązanych wychowanek. Pani Hrabina z prawdziwem rozrzewnieniem dziękowała nam za te dowody naszych uczuć serdecznych...

Lecz nie tylko my o pani Hrabinie, ale Czcigodna Solenizantka o nas również pamiętała łaskawie. Wykwintne śniadanie czekało na nas w sali jadalnej, po którem udałyśmy się do «Jardin d'acclimatation». Tutaj oczarowało nas wiele piękności natury; co parę kroków nowe niewidziane dotąd przez nas twory przyrody oczom naszym się przedstawiały. Lecz największe wrażenie zrobiła na mnie cieplarnia.

Prawdziwa uczta dla oka i umysłu. Żywo mi stoi w pamięci ta chwila, kiedy wszedłszy do cieplarni, nagle zelektryzowaną zostałam jej czarodziejskim widokiem i na razie zdawało mi się że do raju przeniesioną zostałam. Jakże chętnie byłabym chciała jak najdłużej przebywać w tem cudownem ustroniu, lecz wieczorem miałyśmy dać przedstawienie na cześć Dostojnej Solenizantki; trzeba więc się było śpieszyć do domu. Córki emigrantów, nie władające dobrze językiem polskim grały «Athalie» Racina; my «grandes polonaises», przedstawiłyśmy obraz dramatyczny — »Umierającego Poety».

W skróceniu opowiem treść tegoż:

Młody zdolny poeta, rozgoryczony do świata, niewierzący w Boga, umiera z wycieńczenia sił. W monologach słyszymy go bluźniącego Bogu, nienawidzą·

cego ludzi. Ogołocony z wszystkich iluzyi, które stano-
wią poezyą życia człowieka, pragnie jak najprędzej zejść
z tego świata... Lecz oto kolejno ukazują mu się trzy
mary w postaciach Wiary, Nadziei i Miłości, które
podnoszą go na duchu, wlewają weń wszystkie zatra-
cone święte uczucia i znikają nagle. Poeta pod ich
wpływem czuje się lepszym, nawróconym do Boga i do
ludzi, i chciałby teraz żyć koniecznie. Niestety, siły na
razie podniesione gorączką opuszczają go, i w rozpacz-
liwej walce z życiem, umiera na scenie. — Umierającego poetę przedstawiała moja osobistość, ubrana
w długą, powłoczystą szafirową szatę, który to kostium
oryginalnie wyglądał. Olga Klińska, wyobrażająca
« Wiarę » z krzyżem w ręku, odziana była w bieli ;
Jadwiga Grabowska w stroju zielonym, z kotwicą przy
boku, uosabiała « Nadzieję » ; Lorka Grabska, którą od
paru lat zimna pokrywa mogiła, występowała w roli
« Miłości », w czerwonym kolorze z sercem na piersiach.

Efektowny ten obraz dramatyczny wywołał burzę
oklasków przez zgromadzonych dostojnych gości i nić-
zmiernie się podobał.

Na zakończenie zatańczyłyśmy ochoczo w kostiumach dziarskiego Krakowiaka w cztery pary: taniec
ten narodowy powitany został z radością i rozrzewnieniem, gdyż przypomniał szczęśliwsze czasy biednej
naszej ojczyzny, której losy tak ściśle są złączone z do-
stojnym Domem Książąt Czartoryskich.

I tak dzień ten wesela miał się ku końcowi. Po przed-
stawieniach zostałyśmy uczęstowane iście lukulosowym
obiadem. Czcigodna Solenizantka niezmordowana była
w ugoszczeniu nas: zachęcała nas do zabawy. Sama
brała w niej udział i dla każdej z nas miała miłe słówko.

Późny był wieczór, kiedy opuszczałyśmy komnaty
książęce, unosząc z sobą wiązankę najmilszych wspo-
mnień.

Jedenaście lat upłynęło od tego czasu, a tak żywo

stoją mi te chwile w pamięci, iż zdaje mi się że jakoby dopiero co były minęły... Były to najszczęśliwsze moje dni, spędzone w hotelu Lambert, gdyż zaraz po nich okrutny los zgotował mi Bóg! Przykuta cierpieniem do fotelu, pędzę żywot nader smutny, czerpiąc siły w modlitwie i wspomnieniach lepszej przeszłości...

III

Wspomnienia z roku 1883.

Paryż!... Paryż!...

Powstał okrzyk w naszym wagonie i wszystkie siedm cisnęłyśmy się do okien wjeżdżającego pociągu na dworzec « Gare du Nord » w Paryżu.

Tak! było nas siedm Wielkopolanek, młodych dziewcząt z różnych stron Wielkopolski, — szczęśliwych, że uzyskały wstęp i pomieszczenie w znanym zaszczytnie zakładzie Książąt Czartoryskich, po ukończeniu nauk na pensyach poznańskich. Właściwie zakład w hotelu Lambert głównie przeznaczony dla córek emigrantów naszych, ale szczodrobliwość książęca, a mianowicie Księżniczki Izabeli Czartoryskiej, owdowiałej Hrabiny Janowej Działyńskiej, i na Wielkopolanki zlewa owo dobrodziejstwo, celem przysposobienia biegłych nauczycielek dla kraju, iżby zapobiedz napływowi obcokrajowych osobistości do Polski.

Tak, było nas siedm! Liczba-to źle wróżąca! Nie prawda? — Przepraszam, proszę przyjrzeć się naszej « siódemce »! Udała się ona wybornie.

Ale nie łówmy ryb przed niewodem!

A więc : Paryż!... Paryż!...

Było to w październiku. Pogoda nieszczególna. Podróż, prawie półtora doby trwająca, znużyła nas bardzo. Dziesiąta godzina wieczorem. Gwar, ścisk, nawoływania, życie kipiące żywością paryską. Znikło znużenie.

Zapanowała ciekawość między nami, ale i obawa, czy znajdziemy się szczęśliwie w Hotelu Lambert.

Troskliwa opieka zaraz na wstępie objęła nas w swe ramiona. Trzymając białe chusteczki, wedle polecenia, oczekujemy, skupione w jedną grupę, naszej wybawicielki. Otóż i ona! Osoba w podeszłym wieku, czarno ubrana, uprzejma, zbliża się owdowiała pani Benezech do nas. Jestto tak zwana « ekonomka » zakładu.

Po zapoznaniu się i odebraniu bagaży z dworca, umieszcza nas pani B. w wielkim fiakrze i jedziemy do Hotelu Lambert, rue Saint-Louis en l'Ile. Ogromny-to kawał drogi !

Hotel Lambert — to poważny gmach z wieku XVII. Ujrzawszy go, doznaje się wrażenia, jakie wywiera na widzu widok np. pałacu Działyńskich w Poznaniu. Naturalnie mowa tu tylko o wrażeniu, bo struktura obudwóch gmachów zupełnie inna. Hotel Lambert jestto gmach sześciopiętrowy, zbudowany w czworobok, nabyty — jeśli się nie mylę — po r. 1830 przez Księcia Adama Czartoryskiego. Jak w ogóle stare gmachy, má i Hotel Lambert swoje podania. Podobno pierwotny właściciel, Lambert, miał zamurować żywcem swego syna w jednej ze ścian pałacu. Taka przynajmniej pomiędzy uczennicami obiegała legenda. Zkąd się wzięła ? Nie wiem.

W gmachu frontowym od Quai d'Anjou jest umieszczony zakład szkolny, o którym była mowa. I tak : na parterze, obok mieszkania wspomnionej rządczyni, czyli ekonomki, znajduje się sala jadalna dla uczennic, obok niej sala rekreacyjna, a dalej sala fortepianowa do ćwiczeń. Na trzeciem piętrze mieszkanie Dyrektorki zakładu, zacnej Panny Bocquillon, która, zdolnością kierowania zakładem, oraz prawdziwie macierzyńską opieką nad nami i miłością ku nam, dozgonną z naszej strony zjednała sobie wdzięczność i przywiązanie.

Obok mieszkania Dyrektorki znajdują się klasy. Na

czwartem piętrze w dwóch pokojach drugi i trzeci for-
tepian do ćwiczeń; na piątem sypialnie, a na szóstem
infirmerya.

Jakże miło przypomina się obecnie pobyt w tym wzo-
rowym zakładzie, w którym porządek, systematyczna
i stosowna praca, oraz szlachetne obchodzenie się z nami w najlepsze kwitnęły! Jak troskliwą była opieka i
jak starano się o wszechstronne wyształcenie nasze, i to
jeszcze nadmienić wypada, że, nie przestając na kształ-
ceniu w samym zakładzie, posyłano nas i do Sorbony,
gdzie u najlepszych profesorów mogła się wydoskonalić
każda z nas, poświęcająca się jakiej szczegółowej sztuce
lub nauce, jak np. muzyce, fizyce, historyi i t. p.

W takich żyjąc stosunkach w zakładzie, nie dziw, że
postanowiłyśmy: od czasu do czasu zjeżdżać do szlachetnej Dobrodziejki naszej do Gołuchowa, celem z jednej strony złożenia Jej hołdu wdzięczności, a z drugiej
wzajemnego między sobą odświeżenia koleżeństwa i
przyjaźni.

Jakże miło i błogie tego rodzaju stosunki!

Cóż to się dzieje w zakładzie Hotelu Lambert!...
Ruch niezwykły, — narady pomiędzy uczennicami, —
szanowna Dyrektorka w oblężeniu!... Czy grozi jakie
nieszczęście Instytutowi? — Czy może pożar się zajął?
— A tak — tak! Żar wdzięcznych umysłów młodocia-
nych! Toż-to 19ty listopada zbliża się: dzień imienin
Księżniczki Izy.

Po rozlicznych projektach i naradach stanęło na tem,
że ma być:

1) składanie życzeń ze strony pansyonatu, wraz
z ofiarowaniem rzadkiego okazu drzewa iglastego, ponieważ Najszanowniejsza Solenizantka jest wielką lubo-
wniczką drzew tego rodzaju;

2) przedstawienie sceniczne;

3) deklamacya;

4) śpiew z żywym obrazem, a na zakończenie:

5) mazur w 4 pary w kostiumach krakowskich, wykonany przez Wielkopolanki, jako najlepiej z nim obeznano, po którego ukończeniu tancerki mają ofiarować bukieciki z pączków róż białych i amarantowych Solenizantce.

Trzeba jeszcze nadmienić, że prócz nas 7miu Wielkopolanek było w Zakładzie 11 panienek: jedna z Królestwa, jedna z Sztokholmu, 7 z Paryża i okolicy, a dwie z Pireneów (St-Jean de Luz). Ponieważ kostiumów nie było, przeto Wielkopolanki natychmiast wysłały prośby o nie do Rodziców swoich. Jakoż na dzień 19 listopada wszystko było w pogotowiu, a uroczystość odbyła się wedle programu we wspa...łej galeryi, ozdobionej freskami sławnego Lebrun'a.

Dostojna Solenizantka, będąca w otoczeniu licznie zebranych gości, a szczególnie Księstwa Władysławostwa i młodych Książąt Adama i Witolda Czartoryskich — widocznie była z nas zadowoloną, uprzejmie przyjęła ofiarowany jej rzadki egzemplarz drzewka i uściskała nas wszystkie z podziękowaniem.

Miłe-to wspomnienia dla nas wszystkich uczennic, których nic pewno nie zatrze w pamięci.

Jak wiadomo, zwyczajnem jest we Francyi, dawanie upominków, jak u nas na gwiazdkę, w dzień Nowego Roku, co Francuzi nazywają « étrennes ». Stosując się do miejscowego zwyczaju, oraz i z tego powodu, że krótko przed Nowym Rokiem zaczynały się wakacye szkolne, na które miejscowe uczennice udawały się do domów, urządzała Księżna owe « étrennes » krótko przed Nowym Rokiem. Sama zakupywała odnośne dary dla Dyrektorki zakładu i dla uczennic, dowiadując się poprzednio u Panny Bocquillon o gustach i życzeniach uczennic.

We wspomnionej wspaniałej galeryi Hotelu Lambert ustawiono stół osobny, na którym umieszczono dary dla Dyrektorki, a osobny stół długi z upominkami dla osiemnastu uczennic Instytutu, na którym w oddzielnych przedziałach mieściły się podarki, opatrzone kartkami z nazwiskami uczennic. Można sobie wystawić, jak troskliwą i życzliwą dla nas była Księżniczka Izabela, oraz ile ponosiła trudów i kosztów z powodu owego zakupna, skoro z prawdziwą skrupulatnością i zamiłowaniem nietylko sama wybierała w magazynach dary dla całego pensyonatu, ale radło sama artystycznie je grupowała. A nadmienić niechaj mi się godzi, że upominki te, składające się z rozlicznych przedmiotów dla każdej z nas, jak np. z kilkunastu tomów dzieł klasycznych, z neseseru do robótek z jedwabnego pluszu, z pudełka do rękawiczek, z wazonów, z koszyczka złoconego do robót, z karnecika, ze skarbonki i filiżanki majolikowej ze spodeczkiem, z pudełeczka misternego do ozdoby etażerki, a przedewszystkiem z kosztownego krzyża z perłowej masy, pochodzącego z Jerozolimy, — a więc: że dary owe niepoślednie wynosiły sumy zakupna.

Po wprowadzeniu uczennic do galeryi, wskazywała nam dostojna Pani każdej z osobna odnośne przedmioty, zachęcając do pilności w naukach i w pracy.

Trzeba było widzieć natenczas uniesienie, wzruszenie i radość stron obojga. Radość i uniesienie uczennic wywoływały wzruszenie i radość szlachetnej Darodawczyni, prawdziwej opiekunki i protektorki naszej. Nie tyle dary, ile raczej pamięć i troska o szczęście i powodzenie nasze, oraz sprawy narodowej wywoływały w nas najczystszą wdzięczność i przywiązanie najszczersze.

Kto raz z uczennic doznał tego rodzaju uczuć, ten nigdy nie zapomni o podniosłości tego rodzaju działania ze strony przezacnej Księżniczki, — ten też nigdy nie zapomni o obowiązkach swoich względem Niej i Ojczyzny!

Tak to działają cnota i szlachetna miłość Ojczyzny !

Jak pod każdym względem troszczono się o nas w Hotelu Lambert, dowodem i ta okoliczność, że pod okiem Dyrektorki zakładu, zwiedziłyśmy nietylko osobliwości Paryża i okolicy, jak np. Wersal, Sèvres, Saint-Cloud i inne, lecz także sama Księżna brała nas do teatru, w czasie wakacyi, na wyborną sztukę, zakupiwszy pierwszorzędną lożę ; albo też poleciała Pannie Bocquillon nas tamże zaprowadzić.

Wogóle wycieczki nasze celem oglądania osobliwości zaznajomiły Paryżan z naszemi mundurkami. Zdarzało się, że nam grzeczności nawet czyniono. I tak nieraz przejeżdżający fiakr zatrzymywał konie, wołając : « Avancez, petites Polonaises ! » i czekał, aż zdołałyśmy przejść przez ulicę.

Jak wiadomo, spoczywają zwłoki znakomitych Polaków na cmentarzu w Montmorency. Ustalił się zwyczaj, że 21go maja każdego roku odbywa się w kościele tamtejszym żałobne nabożeństwo za spokój rodaków, tamże spoczywających. I myśmy brały udział w owem nabożeństwie pod opieką niestrudzonej niczem i kochającej naszę Ojczyznę Panny Bocquillon.

Zwykle po nabożeństwie owem czynią się wycieczki w piękne okolice tamtejsze. Tak i my zrobiłyśmy. Panna Bocquillon w najętej powózce, a my w liczbie szesnastu, ulokowane na osiodłanych i gotowych dla gości osiołkach, wyruszyłyśmy przez miasto w drogę. Naturalnie, że niezwykły ten orszak wywołał mnóstwo miejskich spektatorów. Nasz masztalerz, wisus, chłopak może czternastoletni, idąc za nami, popędzał leniwe i oporne długouche rumaki, strojąc pocieszne miny, a po-za nim jechała kochana Panna Bocquillon celem opiekowania się nami, zanosząc się od śmiechu z powodu arcykomicznych póz niezwykłej kalwakady.

Jedziemy więc noga za nogą wśród okrzyków i wiwatów mieszkańców Montmorency w naszych ubiorach mundurkowych, które zaiste nie miały pretensyi do amazonok, dodająo końcami długich uzdeczek przynuki naszym rumakom. — Wszystko to jednak napróżno! Osły kroczą niezachwianie stępo, opuściwszy łby zadumano i długie uszy ku ziemi. Ja memu perswaduję, pochlebiam i proszę, aby przyśpieszył biegu, aby nie szedł ostatnim z gromady i nie wystawiał mnie na pośmiewisko gawiedzi. A kiedy obok próśb — (naturalnie we francuskim języku, bo wierzchowiec mój polyglotą nie był) i gróźb na zachętę używam, naraz oślisko stawa.

Mija nas cały orszak, a mój osioł jak stoi, tak stoi. Co tu począć? ·

Maszlalerz gdzieś zniknął, ja napróżno osła to błagam, to łaję, a spektatorzy zanoszą się od śmiechu! .

Najlepiej zsiąść, myślę ja sobie, a osła zostawić swemu losowi. Widać odgadł on myśl moję, bo naraz ni ztąd ni zowąd, popędził za kawalkadą, ledwie mnie nie wysadził z siodła. Ściągam przeto cugle, wołam, krzyczę. Kapelusz ledwie mi się trzyma. Skręcam osła w lewo — napróżno! Pędzi on wprost ulicą, mija orszak, a pędzi dalej, jak strzała. Ludzie śmieją się, Panna Bocquillon biada i woła o pomoc. — Wszystko na nic! Mój wyścigowiec pędzi dalej, wprost na fontannę, a dopadłszy jej, stawa naraz. Gdybym nie jeździła konno i gdyby nie poręcz przy siodełku, byłabym się dostała do basenu, otaczającego fontannę. Tymczasem wierzchowiec mój najspokojniej raczy się chłodną wodą.

Pij, zdrajco, a nie rób potem wybryków! — myślę ja sobie i poprawiam ubranie. Skończyłam od dawna, a osioł jak pił, tak pije.

Orszak tymczasem zbliżył się i przeszedł, a mój długouchy, spojrzawszy tylko poważnie za przechodzącymi, począł pić dalej z całą przyjemnością. Nareszcie, kiedy już kawalkada oddaliła się znacznie, jak się zżachnie, jak puści się, wkrótce nietylko swoich dopędza, ale ich nawet wyprzedza, idąc na czele orszaku.

Aż tu wypadają naraz gameny i nuże krzyczeć, napadać na osly. Dopiero teraz zaczyna się szalona jazda. Krzyk i wołanie o pomoc moich towarzyszek, spadanie kapeluszy, obawy Panny Bocquillon, śmiech publiki — wszystko to razem tworzy prawdziwy chaos.

Naraz zatrzymuje się cała nasza wyprawa. Patrzymy, a tu właśnie miejsce, z którego wyruszyłyśmy. Osly, obiegłszy kołem, stanęły przed stajnią swej właścicielki.

Upłynął czas pobytu i nauki w Hotelu Lambert. Wracałyśmy z Paryża do Wielkopolski, pożegnawszy z niewymownym żalem niezrównaną Dyrektorkę, koleżanki drogie, oraz gościnne mury Zakładu.

Księżna bawiła podówczas już w Wielkopolsce w Gołuchowie. Udałyśmy się tamże, aby oddać Jej czołobitność i złożyć dzięki za doznane dobrodziejstwa.

Szlachetna Dobrodziejka nasza zaiste dopięła zamierzonego celu. W naszych czasach polskie domy już nie sprowadzają zagranicznych, obcych nauczycielek. Starają się raczej wyraźnie o wychowanki z Hotelu Lambert, jak tego liczne dowodzą wypadki. Rodziny zaś polskie we Francyi i na obczyźnie nadal znajdują w Hotelu Lambert zakład, który chroni ich dzieci przed wynarodowieniem, dając im zarazem stosowny środek utrzymania, a nawet wspierania zubożałych familii.

W Gołuchowie doznałyśmy nader łaskawego i gościnnego przyjęcia. Księżna, zaprowadziwszy nas do zamkowego ogrodu, wskazała nam owo drzewko, ofiarowane Jej dawniej w Paryżu, w dniu imienin.

Sprowadzono je z wielką troskliwością z Paryża do Gołuchowa, zasadzono w ogrodzie, niedaleko cieplarni, oddano pilnej troskliwości zawiadowcy parku i ogrodu.

I oto owo drzewko skromne wyrosło na słuszne drzewo, pnące się pięknym wierzchołkiem ku niebu.

Piękne ono i bujne, jak nadzieje nasze w lepszą

przyszłość, — trwałe i silne, jak wdzięczność nasza
względem najszlachetniejszej z Polek.

Oby nadzieje owe i wdzięczność nasza urzeczywistnić
się mogły !

IV

W kilka tygodni po wakacyach Bożego Narodzenia,
po dniach radości i rozrywek, smutek i niepokój zapanował w Hotelu Lambert. Przełożona stara się rozweselić « les chères filles », które z swej strony czynią
możliwe wysiłki, aby zdobyć się na swobodę. Całą
nadzieję pokładają w rekreacyach. Panna Bocquillon
dzieli je z uczennicami, a sam widok Przełożonej wlewa
otuchę w całe grono, garnące się do niej z miłością.

— Wanda bardzo chora ! Gorączka coraz silniejsza,
Módlcie się za nią ! — odzywa się Panna Bocquillon do
Wielkopolanek, polecając, aby nie wspominały młodszym koleżankom o groźnym stanie zdrowia Wandy,
kochanej z powodu dobroci charakteru i niezrównanego
humoru.

Wielkopolanki nie zdradzają zaufania : silą się na
wesołość, bawią w czasie rekreacyi młodsze « siostrzyczki », tańcząc z niemi, ile same zechcą. « Małe »
nie domyślają się niebezpieczeństwa, w jakiem znajduje się koleżanka. Z całą swobodą oddają się nauce i
rozrywkom, w przekonaniu, że Wanda niedługo ożywiać znowu będzie ulubione rekreacye.

Żywe to, czternastoletnie dziecko, urodzone w Pireneach, przedstawia typ czysto południowy. Ciemna
brunetka, o oczach inteligentnych, pełnych życia,
w klasie jest wzorem uczennic, a na sali rekreacyjnej
pierwsza do zabawy, do rozśmieszania i do rozweselania
towarzyszek. Tańczy lekko i zwinnie ; to też « małe »
ubiegają się i błagają o walca, o polkę, bo nikt nie umie
tak prowadzić, ja Wanda.

Zdarza się wykupywanie fantów. Wanda odgrywa znowu ważną rolę. Panna Bocquillon, trzymając w ręce własność największej powagi w Instytucie, głosi, że właścicielka fantu ma utrzymać się w zwykłem sobie usposobieniu.

— A to trudno! — mysli sobie powaga, tryumfując naprzód.

Oho! Sytuacya jakoś zachwiana. «Małe» duszą się ze śmiechu. Wanda wskakuje na krzesło, naprzeciw powagi, robi najkomiczniejsze miny z rzadką szybkością i wprawą.

Powaga przygryza wargi.

Wanda udaje śmiech z przedziwną naturalnością.

Małe wpadają w niepohamowaną wesołość.

Powaga sznuruje usta.

Wanda mruga oczami i równocześnie wysuwa i wsuwa język z szybkością mrówkojada.

Powaga jeszcze się trzyma.

Wandy cierpliwość jednak nadwerężona. Zeskakuje nagle z krzesła tuż przed powagą i jak pisklęciu zaintonuje z całym patosem: «Kukuryku»! — powaga w śmiech z całym chórem «małych», «grandów» i samej Panny Bocquillon.

Ta sama figlarna Wanda ciężko teraz chora. Nie myśli o żartach, trawiona wzmagającą się gorączką. Cierpi biedactwo, to prawda, ale jak wiele ma osłody w cierpieniach! Chorować bowiem w Zakładzie Hotelu Lambert, a mianowicie chorować niebezpiecznie, jak np. Wanda, na tyfus, znaczy to samo, co być wyróżnianą, pieszczoną, otaczaną najczulszą i najtroskliwszą opieką. Nawet u własnych Rodziców nie możnaby doznawać tkliwszej pieczołowitości.

Co dzień odwiedza chorą Dostojna Księżna, starając się z anielską dobrocią o sprawienie ulgi. Wypytuje o stan zdrowia, o wiadomości z domu, aby chora, opowiadając, zapomniała o cierpieniach. Panna Bocquillon zawsze towarzyszy Księżnie. Wesołością, żartami tak ożywia i podnieca, że najbardziej cierpiąca zapomina o dolegliwościach. Bo jakże pamiętać o nich, widząc ciągle Księżnę i Pannę Bocquillon poświęcające się z zupełnem o sobie zapomnieniem!

Już samo chodzenie do infirmeryi, na szóste piętro, jest uciążliwe i męczące, szczególniej dla osób tak wiele zajęcia mających, jak Panna Bocquillon.

Serce aż ściska się na samo wspomnienie, ile nocy spędziły bezsennie, w czasie tyfusu, obiedwie te najszlachetniejsze Panie! Księżna, z ciągłego niepokoju, źle wyglądać zaczyna. Przełożona, kilka razy w nocy, z przyćmioną lampką w ręku stawa przy łóżku chorej, żeby zobaczyć, jak się miewa, czy śpi, czy *garde-malade* nie potrzebuje pomocy.

Nic nie pomagają prośby, aby Księżna i Panna Bocquillon więcej pamiętały o własnem zdrowiu i siłach.

Widocznie chciał Pan Bóg doświadczyć nasze najzacniejsze Dobrodziejki i zarazem dać Im sposobność dowiedzenia czynem, do jakiego wznieść się mogą poświęcenia. Jeszcze Wanda nie wyzdrowiała, a już na tyfus zapada kilka panienek. Najniebezpieczniej z wszystkich choruje Anela, jedna z siedmiu Wielkopolanek. Miejscowe panienki zabierają rodzice do domu. Doktor zakazuje Księżnie i Pannie Bocquillon odwiedzać Andzię, ażeby nie zaraziły się same i choroby nie udzieliły uczennicom. Któraż z nich zapomni, na jaki wówczas pomysł wpadły nasze — nie przesądzę, gdy powiem — Anioły opiekuńcze, które chciały i chorą doglądać i zdrowych nie zaniedbywać! Oto kilka razy dziennie odwiedzają Andzię, zmieniają po powrocie z infirmeryi odzienie i desinfekcyują się, ażeby nie przenieść tyfusu do Zakładu.

O, smutne czasy zaczynają się w kochanym Instytucie, jeszcze smutniejsze, niż wtedy, gdy chorowała Wanda, której nie groziło tak wielkie niebezpieczeństwo. Teraz Panna Bocquillon tylko na kilka chwil przychodzi na rekreacyą i to głównie dla przekonania się o zdrowiu naszem i dla udzielania starszym coraz smutniejszych wiadomości o Anecie.

Księżna, widząc grono pozostałych w Zakładzie uczennie posmutniało, zaniepokojona, stęschniono za nią i za Panną Bocquillon, zapragnęła mieć nas blizko siebie, ażeby ciągle przebywać z nami.

Któż opisze radość ogólną, gdy Przełożona oznajmiła nam, żo tego jeszcze wieczoru przeniesiemy się do mieszkania Księżny! Kochamy prawdziwie naszę najszlachetniej szą Dobrodziejkę, więc pewność widywania Jej codziennie uszczęśliwia nas nad wyraz. Ale nie ma na świecie zupełnego szczęścia. Nic domyślałyśmy się wcale, że, mieszkając u Księżny, tracimy Pannę Bocquillon, która całkowicie poświęciła się swoim «chères malades».

Nic wiemy nic o rozłączeniu, a zatem oddajemy się z całym młodzieńczym zapałem obecnej błogiej chwili.

Po obiedzie odbywają się przenosiny. Chce nam się tańczyć, żartować, tembardziej, że tak długo przygnębione byłyśmy chorobami. Zapominamy o Bożym świecie i o wszystkiem, co smutne. Pamiętamy tylko o zamieszkaniu u Księżny, — patrzymy na wszystko różowo, nawet na tak straszną rzecz, jak tyfus.

Z pakowaniem nie ma ambarasu. To dzieło jednej chwili. Książki i zeszyty każda swoje zabiera i w takiem uzbrojeniu wyruszamy wszystkie z Instytutu do Księżny.

Na samem czole śpieszy Bezia, otulona szalami od stóp do głowy; Helcia niesie swoje skrypta na ramieniu. Marynia kroczy poważnie, głęboko myśląca — założyć się można — o tem, czy w galeryi będzie mogła pięć godzin grywać na fortepianie; Mania, jak zwykle wypogodzona, idzie z przedziwnym spokojem; Hela jakaś zafrasowana : żałuje na pewno, że nie ma czternastu rąk, bo mogłaby od razu wyręczyć wszystkie koleżanki;

Lorcia bystremi oczami upatruje sposobności do wypłatania figla, szybując tymczasem zwinnie, jak sarenka, aż naraz staje, jak skamieniała, a w ślad za nią cały pochód.

Co to jest?!

Coś spada ze schodów z niesłychaną szybkością i wpada w objęcia ostatnich członków wyprawy. Nie sposób rozeznać coby to być mogło. Aż po głosie wydobywającym się z samego wnętrza, poznajemy jednę z towarzyszek, która, jakby przeczuwając upadek, zabezpieczyła się doskonale szalami, wskutek czego nie ponosi najmniejszego szwanku.

Nakoniec dostajemy się do wspaniałej siedziby. Jest nam tu, jak w raju, mimo to uczuwamy dotkliwie nieobecność Panny Bocquillon.

Na rekreacye poobiednie schodzimy do przepysznej galeryi, gdzie Księżna urządza gry towarzyskie, a mianowicie takie, które wymagają dużo ruchu.

Dla większego urozmaicenia rozrywek, pyta Księżna, czy nie znamy jakiej innej gry ożywionej. Opisujemy tak zwaną « Podróż ».

Kto bierze udział w zabawie, wybiera nazwę jakiegokolwiek miasta. Osoba, będąca w kole, rozpoczyna zabawę, pytając np. tej, która nosi nazwę Londynu: « Dokąd jedziesz » ? Zapytana odpowiada: «Do Paryża ». W tej chwili powinien Paryż czemprędzej pomieniać się na miejsce z Londynem, ażeby nie dopuścić na opróżnione krzesło osoby, zadającej pytania. Inaczej, kto spóźni się i zostanie bez miejsca, dostaje się do koła, składa fant i pełni dalej obowiązki osoby rozpoczynającej grę.

Księżna wybiera nazwę Poznań za pierwszym razem; jedna z nas Gołuchów, druga Kraków, trzecia Warszawę itp.

— Dokąd jedziesz — zapytano Kraków.

— Do Gołuchowa.

Księżna, usłyszawszy nazwisko ulubionej siedziby swojej w Poznańskiem, wstaje, Kraków zabiera jej miejsce, Księżna, śmiejąc się ze swej pomyłki, zostaje w kole i z wielkiem ożywieniem prowadzi dalej zabawę. Ruch, śmiech, okrzyki, dobijanie się o wolne miejsce napełniają galeryą niesłychaną wrzawą. W czasie największego zamętu, wchodzi Panna Bocquillon i, widząc taką wesołość, cieszy się, że nam dobrze u Księżny, oraz zachęca do spędzania każdej rekreacyi w podobnym humorze. Jak zawsze, tak i teraz staramy się wypełnić życzenie drogiej Przełożonej.

Zdarza się pewnego poobiedzia, że nie możemy zejść do galeryi. Pozostajemy w tymczasowej «salle d'étude,» wspaniałej komnacie, mającej w głębi rodzaj chórku z ciemnego drzewa dębowego.

— Trzeba z niego korzystać.

— W jaki sposób?

To już tajemnica Maryni i Helci, które proszą o przejście całego towarzystwa do przybocznego pokoju. Po chwili wszystko gotowe.

Wracamy do «salle d'étude». Patrzymy, gdzie Marynia i Helcia? Nie ma ich. Światło przyćmione. Wołamy, nie widząc dobrze. Cicho wszędzie. Aż nagle, gdzieś z głębi odzywa się głos ponury, pełen powagi i grozy.

— Uciszcie się! — Azaliż dzicy Tatarzy ze srogimi Turki ukazują się oczom moim? I Azaliż dysgust uszom czyniąc, a gwałt podnosząc, myślicie, że snadniej najdziecie te, których szukacie?! »

Już ich nie szukamy; ale umieramy ze śmiechu. Marynia ukazuje się na chórku, przybrana w fałdzistą togę, przejęta wygłaszaną przemową, którą do końca w tym samym pseudo-klasycznym prowadzi stylu. Jako sławny mówca, wykonuje giesta i, w najpatetyczniejszem miejscu, załamuje aż cztery ręce, które ma odtąd stale na posługi. Zdarza się np. ustęp czuły:

posłuszne rączki dzielą funkcye między siebie. Dwie tragicznie biorą w objęcia głowę, jedna tłumi zbyt silne uderzenia wzburzonego serca, a ostatnia ociera zapłakane oczy.

Wszystko to, razem z patosem mówcy, takie pocieszne czyni wrażenie, że najpoważniejszą osobę wyprowadziłoby z równowagi. Cóż dopiero mówić o młodych panienkach, które przy każdej sposobności mają śmiech na zawołanie.

Ale na tym świecie radość splata się często ze smutkiem. I my przekonujemy się o tej niezaprzeczonej prawdzie.

Jak grom z pogodnego nieba, tak niespodzianie spada na nas wiadomość, że Księżna udaje się do San-Remo, wskutek prośby ciężko chorej Księżny Małgorzaty. Jak nam było po odjeździe ukochanej Dobrodziejki, łatwiej wyobrazić sobie, niż opisać.

Wkrótce, na domiar złego, doktor Henszel stanowczo poleca Pannie Bocquillon, aby kazała rozjechać się zdrowym panienkom, bo inaczej zapadniemy wszystkie na tyfus.

Nawet Anetę trzeba przenieść z infirmeryi do zakładu Sióstr, aby nie oddychała powietrzem mikrobami zaraźliwemi przesiąkłem. Biedactwo! Nie domyśla się nawet, jak bardzo pragniemy widywać ją, chociażby na kilka chwil codziennie, ażeby pocieszyć ją w samotności.

Panna Bocquillon odwozi nas do Fontenay-sous-Bois, na pensyą panny Raccolier, polecając nas jej opiece.

Ile dobrodziejstw zawdzięczamy Księżnie, trudno sobie wystawić. W Fontenay doznajemy znowu jednego z licznych dowodów szczodrobliwości Księżny, która chcąc oszczędzić naszym rodzicom wydatków, płaci sama za cały nasz pobyt tamże.

W Fontenay dogadzają nam bardzo. Przełożona nadzwyczaj wiele okazuje nam uprzejmości. Zwiedzamy prześliczne okolice nad Marną, odbywając codziennie wycieczki. Jeździmy do Paryża na wykłady w Sorbonie. Co czwartek zaprasza nas panna Raccolier na podwieczorek do siebie. Nie możemy skarżyć się na brak urozmaicenia życia. A jednak tęsknimy i jesteśmy, jak na wygnaniu. Z upragnieniem wyglądamy chwili, w której ujrzymy znowu Pannę Bocquillon. O, jak serdecznie cieszymy się z jej powrotu, z jaką radością witamy nasz miły Instytut, nasze drogie koleżanki, które odzyskały zdrowie, dzięki troskliwej opiece, zabiegliwym staraniom Przezacnej Księżny i Panny Bocquillon.

Dziesięć lat zaledwie upływa od tego czasu. Ta sama kochana Wanda choruje ciężko i, po długich cierpieniach, oddaje czystą duszę Bogu. Może wśród cierpień nieraz przypóminała sobie pieszczoty i troskliwe starania Księżny i Panny Bocquillon. Może teraz, patrząc z wyżyn niebiańskich na nieszczęścia i smutki, któremi Bóg doświadcza, w ostatnich czasach, szególniej dostojną Księżnę, — może teraz śp. Wanda, korzy się u tronu Najwyższego i łączy się w modlach z żyjącemi tutaj na ziemi towarzyszkami, wznosząc serdeczne błagania o pocieszenie i ulgę dla tych, od których sama wraz z niemi tyle doznawała poświęcenia radości i szczęścia,

V.

Chère pension ! Cher vieil hôtel Lambert ! Comme il est doux à toutes celles qui t'on connu de parler de toi ! Les souvenirs respectueux, émus, pleins d'amitiés et de jeunesse s'entrelacent sur les vieux murs.

Le jardin suspendu, unique en son espèce pour la plupart d'entre nous, et qui nous rappelait toujours les jardins de Babylone, la lourde porte de la rue Saint-Louis, dont le bruit imposant serrait involontairement le cœur des nouvelles, à leur première entrée, quand elles nous arrivaient toutes timides, effrayées déjà par les fenêtres si bien grillées du rez-de-chaussée ; la cour au pensif jet d'eau et la grande entrée, représentant pour les petites tout ce qu'on peut voir de plus magnifique en fait de palais, toutes ces choses inertes, servant de cadre à tant de vertus et de bienfaisance, nous reviennent à l'esprit au seul mot de pension. Un endroit surtout semblait résumer toutes les salutaires émotions, toutes les pensées recueillies qui nous entouraient : la chapelle. Elle a, paraît-il, plusieurs fois changé de place ; pour nous, elle se trouvait comme aujourd'hui, au premier étage, en face de la galerie.

On y arrivait légèrement essoufflées par l'ascension du grand escalier de pierre où l'on n'osait déjà plus parler, si ce n'est à voix basse ; où les pas, quelque légers qu'ils fussent, éveillaient des échos lointains, étranges, sévères dans la paix rêveuse et bénie de la maison. On s'agenouillait sur les bancs de bois comme en Pologne devant cet autel si bien connu. Les premières arrivées attendaient le Père. Le silence, ce profond silence pensif que je n'ai jamais trouvé que là, un instant troublé par notre entrée rapide, se refaisait dans toute son ample et bienfaisante majesté.

A peine de temps à autre un pas discret sur les marches, et aussi, et surtout mille doux babillages d'oiseaux qui passaient et repassaient devant la grande baie voilée d'un store.

L'émotion de l'entrée du Père, qui ne l'a connue ? Et ensuite, quand il fallait retourner bien vite en classe pour dire : « il n'y a plus personne à la chapelle ! » quelle descente rapide du grand escalier, quelle sonnerie pressée, quelle ascension bruyante.

Chère chapelle, puissent toutes celles que tu vis agenouillées sur tes bancs, avoir gardé intacts leurs sentiments d'alors !

Qui ne se souvient du beau tableau de l'*Assomption* de Murillo, copié, croyions-nous, (et avec raison ce me semble,) par notre chère, notre vénérée princesse.

Vous souvenez-vous, mes compagnes, du tapis bleu où des guirlandes de lis entouraient l'initiale de Marie? Nos yeux l'ont rencontré tant de fois en se baissant vers le sol. Et la statue de Notre Dame des Victoires, sur le petit autel à gauche, devant laquelle nous passions en entrant et en sortant du confessionnal. Que d'ardentes et candides prières, rapidement prononcées se sont élevées vers elle! Les statuettes des saintes, de chaque côté de l'autel et derrière nous, les prie-Dieu bien connus..... et que sais-je encore! Mais surtout ce silence, cette atmosphère si propice au recueillement et au milieu dans lequelle nous avons été élevées et qui se condensait si bien dans cette petite chapelle.

Nous goûtions en classe aussi des émotions de ce genre, dans la grande classe où toujours le crucifix au-dessus de la chaire, le frais autel bleu de la Sainte-Vierge protégeaient nos études. Il y avait des heures particulièrement bénies: la retraite, les instructions du samedi.

La retraite! ce mot effrayait toujours les petites! Ne pas parler pendant trois jours, être sages, se corriger! Nos jeunes têtes se troublaient à ces idées austères. Mais quand le moment de cette effrayante retraite était enfin arrivé, il suffisait d'une heure pour conquérir tous les cœurs, rassurer toutes les timidités, rendre sages les plus dissipées d'entre nous... Sans le savoir, nous étions préparées par notre vie ordinaire, par les soins vigilants de notre chère mademoiselle Bocquillon à comprendre une retraite et à en profiter et alors ce silence de la chapelle régnait partout, troublée seulement par une lecture à haute voix qui nous parlait des saints du ciel. Comme on cousait avec application toutes ensemble! Madame Bouvier n'aurait pas eu à se plaindre, si toutes les leçons de travail à l'aiguille avaient été semblables à ces jours de retraite.

Les instructions du Père étaient le couronnement de la journée, la lumière éclairant nos plus secrètes pensées, l'encouragement de nos résolutions personnelles, et cela non seulement pendant ces exercices bénis de la retraite, mais aussi pendant tout le cours de l'année.

Quand la sonnerie, toujours bien accueillie, retentissait nous annonçant l'arrivée du Père, avec quelle satisfaction nous nous asseyions sur nos bancs repoussés contre les pupitres de derrière. Comme on se levait avec respect, comme on se rasseyait, pleine de confiance et de bonne volonté, comme on l'écoutait avec recueillement et respect. L'hiver on n'allumait pas le gaz pendant l'instruction, et la nuit tombait, ajoutant son charme profond à notre silence que venait parfois troubler un cri lointain de tramway ou de bateau. Quand on regardait en bas, on voyait les cordons réguliers des becs de gaz et au-dessous leur image tremblotante, capricieuse, bercée par la Seine... Mais nous ne regardions pas en bas. Il y avait tant de ciel à voir par les deux larges et hautes fenêtres. Et dans ce ciel d'hiver, pâle et froid, mais si pur, au-dessus des grands arbres dénudés et des sombres maisons, le clair de lune se faisait lentement, envahissant peu à peu la classe.

Oh! ces intructions du samedi, comme elles étaient à la fois élevées et pratiques, profondes et faciles à comprendre! Comme ces graves et douces paroles s'unissaient admirablement à la majesté de l'heure, de la saison, de la nuit tombante.

C'était un charme, mais plus que cela. Il devait en rester quelque chose ; nous y puisions de la force, des armes pour la lutte de chaque jour... et quand le Père nous quittait, quand dans la classe, soudain rendue aux études profanes, on entendait le brouhaha des pupitres,

tandis que le gaz jaillissait brusquement, éclairant tout
d'une lueur réaliste, on avait peine, un instant, à quitter le surnaturel... Mais on se disait bien vite que pour
mériter les consolations temporelles et la consolation
suprême dont elles étaient l'image, il fallait travailler,
travailler !

Un de ces soirs, plusieurs anciennes élèves avaient
assisté à l'instruction. Quand le père nous eût quittées,
en même temps que la lumière éclairant la classe, jaillit
cette nouvelle inattendue :

Mademoiselle Jeanne Wrześniewska, notre aînée,
l'ancienne maîtresse de plusieurs d'entre nous, la sœur
d'une compagne aimée entrait en religion.

Il faut avoir passé de pareils moments pour savoir ce
que l'on éprouve. Je ne le saurais exprimer, et me contente de constater que notre vieil hôtel Lambert con-
tient une source inépuisable de vrai vie, parce qu'il a
Dieu, le vivant par excellence. C'est l'image bénie, de
notre Pologne.

Gloire et reconnaissance à notre Bienfaitrice et à sa
noble race.

VI

Le premier trimestre de cette année 1889 fut marqué
par une épidémie d'influenza ; la plupart des élèves en
furent atteintes. C'était un spectacle qui avait son côté
comique, de voir tout le monde au lit avec des figures écarlates et des yeux enfiévrés. Mademoiselle,
également atteinte du fléau, nous tenait compagnie. De
temps en temps elle rompait le silence, pour nous faire
admirer les belles pensées de saint Bernard qu'elle li-
sait. Trop jeunes pour les bien apprécier, nous préfé-
rions déclamer entre nous quelques-unes des scènes du
Cid que nous avions récemment apprises. Enfin la maladie cessa, et peu à peu notre dortoir fut déserté.

Cette épidémie eut du moins une conséquence agréable, celle de nous procurer de longues vacances de Noël.

Nous n'eûmes pas la joie de célébrer la fête de notre chère princesse absente.

Pour le Mardi Gras, nous organisâmes une petite fête intime. Notre comédie : « On ne prend pas les mouches avec du vinaigre, » fut très applaudie. Puis les jours et les mois se succédèrent, remplis par le travail, la prière et les jeux.

Le 21 mai nous fîmes, selon la coutume, le pélérinage de Montmorency. Après avoir bien prié pour nos infortunés compatriotes, nous nous rendîmes à l'Ermitage. Le déjeûner fut suivi d'une promenade à âne. Je n'en dirai pas les péripéties, ni les misères que me fit mon joli baudet gris perle. Mes contemporaines et Manusia, surtout, qui poussa la bonté jusqu'à me prêter le sien, dont je ne fus pas beaucoup plus satisfaite, s'en doivent souvenir. Mais ces périlleuses aventures, toutes personnelles, ne sont rien auprès de celle qui nous attendait au départ. Nous regagnâmes la gare juste pour le départ du train. Mademoiselle qui donnait des renseignements à deux jeunes filles étrangères, n'eut pas le temps de nous rejoindre. Le train siffla, mademoiselle leva les bras au ciel dans une attitude de désespoir... et nous dûmes revenir sans elle. Les charmes du paysage nous consolèrent de ce fâcheux accident, et mademoiselle Grabowska qui était avec nous, fut notre protectrice et expliqua à l'arrivée la raison pour laquelle nous circulions sans billet. Nous fûmes enfermées dans une petite salle où mademoiselle nous rejoignit une heure plus tard.

Ce fut cette même année que notre compagne Bohdana Okyńczyc fut reçue à ses examens, et celle aussi où nous célébrâmes pour la dernière fois la fête de notre chère mademoiselle Bocquillon.

Notre salle de récréation contenait ce jour-là un grand nombre d'invités et l'aumônier de la pension le R. P. Lechevalier nous avait honorées de sa présence. Nous avions préparé une pièce superbe avec feux de Bengale, costumes du temps et accessoires de toute sorte. Elle était intitulée : *Les Trois dons de la fée Cécile..*

La pièce eut un grand succès et les apparitions de la Fée firent sensation sur notre bienveillant auditoire. Mais la distribution des prix approchait et avec elle le départ de notre bonne directrice. D'autre part, nous étions bien heureuses à la pensée que la princesse serait présente. Cette distribution fut très solennelle, et les meilleures musiciennes nous donnèrent un charmant concert. Puis la distribution finie, il fallut se séparer; il y eut bien des regrets de part et d'autre. Les unes nous quittaient pour toujours, les autres devaient se retrouver à la rentrée, mais ne devaient plus revoir mademoiselle Bocquillon. Notre directrice, en effet, fatiguée par le temps qu'elle avait consacré à l'éducation de la jeunesse avec un oubli si complet d'elle-même, quittait l'hôtel Lambert, malgré les regrets et les instances de toutes celles qu'elle aimait à appeler ses enfants.

1890 à 1895

~~~~~~~~

Mademoiselle Glaudin, maîtresse de classe depuis plusieurs années, prit en 1890 la direction de l'Institut. Depuis deux ans déjà, mademoiselle Bocquillon qui l'appréciait songeait à en faire son successeur et l'avait préparée dans ce but. Mademoiselle Glaudin nous saurait mauvais gré de faire ressortir les qualités qui l'ont rendue si apte à occuper ce poste, qu'il nous suffise de dire qu'aimée de ses élèves sur lesquelles elle exerce une heureuse influence, elle jouit de l'estime de toutes les anciennes et qu'il n'en est pas une qui ne rende justice à son tact et à sa tranquille et discrète affabilité.

I

Pour les anciennes, la rentrée d'octobre 1890 éveillait un sentiment de regret. En revenant à la pension, elles n'allaient plus retrouver celle que depuis longtemps elles étaient habituées à voir toujours près d'elles, surveillant leurs études et leurs progrès. C'était une bien grande perte pour nous. Bonne et dévouée, mademoiselle Bocquillon était vraiment une seconde mère pour ses élèves. Elle comprenait leurs intérêts et se montrait affectueuse et indulgente sans jamais être trop faible, aussi ses élèves lui ont-elles gardé une sincère reconnaissance.

La fête de notre chère princesse nous fut une consolation, nous allions avoir le bonheur de la voir parmi nous. Avec quelle joie nous préparâmes tout pour ce jour! Mademoiselle Glaudin, notre nouvelle directrice, s'occupait de tous les détails avec un zèle infatigable, surveillant les rôles, présidant à la confection des costumes.

Enfin arriva ce beau jour! La matinée fut remplie par la messe à laquelle assistèrent aussi beaucoup d'anciennes élèves, puis par les souhaits offerts à la princesse; l'après-midi, par les derniers arrangements et préparatifs.

Ce fut dans la galerie qu'eut lieu la fête du soir. Nous jouâmes une pièce en polonais « Dzieciaki » qui eut grand succès, grâce surtout au talent de la principale actrice, Marie Paszkowicz, parfaite dans son rôle de vieux grand père. Après un entr'acte, égayé par des chants, nous jouâmes une pièce française très comique: « la Femme de Zozo, » qui provoqua un rire général.

Mais il restait la plus belle partie du programme. Madame Duchińska avait eu la bonté de composer une charmante poésie, tout exprès pour ce jour.

Voici quel en était le sujet :

La Religion, le Travail, la Poésie et la Patrie viennent chacune à leur tour remercier la princesse de ce qu'elle a fait pour eux. Ces paroles touchantes, pleines de sentiments patriotiques et religieux, produisirent une émotion réelle et ce fut les larmes aux yeux, que notre bonne princesse remercia celle qui venait de lui exprimer les sentiments qui étaient ceux de nous toutes.

Cette belle fête fut terminée par le chant en chœur de « Zdymem pożarów » et enfin par la mazur, que dansèrent avec beaucoup d'entrain et de grâce huit de nos compagnes, costumées en Cracoviennes.

Cette fête avait été charmante, elle n'avait pas été un simple divertissement, c'était un témoignage de plus que le patriotisme ne s'était pas éteint et que nous avions le droit de nous écrier : Non, la Pologne n'est pas morte!

Après cette journée, la vie de la pension reprit son mouvement uniforme. Tous les 15 jours, les plus méritantes avaient le bonheur de passer la soirée chez la Princesse; c'était un moment toujours impatiemment attendu, et ces bons instants, gaiement écoulés près de notre chère bienfaitrice, donnaient à celles qui en avaient joui, le courage de persévérer dans leur travail, et aux autres le désir d'obtenir cette récompense.

Notre second semestre s'écoula tristement, à cause de l'absence de la Princesse; mais une joie nous était réservée. Mademoiselle Bocquillon vint en Mai passer quelques semaines près de nous , ce qui nous fit grand plaisir. Les nouvelles qui en avaient entendu parler si souvent, eurent ainsi l'avantage de la connaître. Ce fut l'occasion de fêtes nouvelles; elles terminèrent joyeusement le trimestre que vint clore une belle distribution de prix.

C'est à Gołuchów que la Princesse passe la belle saison, Goluchow, le palais féerique que quelques élèves ont eu le bonheur de voir et qu'on dit rempli de merveilles. Voici à ce sujet quelques lignes d'une de nos compagnes.

« La Princesse Iza m'a emmenée à Goluchow et j'y admire ce paradis terrestre, en heureuse mortelle, sûre de ne pas y rencontrer le serpent sous les fleurs. Je passe des moments délicieux dans la bibliothèque du château. Je ne sais plus quel empereur romain souhaitait que le peuple n'eût qu'une tête, afin de pouvoir la trancher d'un seul coup ; moi je voudrais avoir la mienne aussi prodigieusement grande pour y placer à l'aise tous les livres de la bibliothèque de Golus.

Je me demande vraiment si ce n'est pas paresse de ma part que de rester de longues heures au musée, admirant une à une les curieuses choses qui se trouvent dans la collection de la Princesse. J'ai voué un culte à part à la statuette d'une belle Joueuse qui est la grâce même. Si Vénus existait vraiment, elle ne pourrait prétendre à avoir le bras aussi beau que celui de cette petite Grecque. Je ne sais pas assez remercier la Princesse de ce qu'elle me permet de tout voir. Je me désole d'admirer si fort chaque clou, chaque fragment sans pouvoir bien souvent les rapporter à l'époque à laquelle ils appartiennent. Mais si je connaissais toutes les révolutions des astres et leurs lois, en admirerais-je davantage la belle voûte étoilée ? Voila comment mon ignorance se console. »

II

L'année scolaire 1891 devait s'ouvrir plus agréablement que celle qui l'avait précédée. L'ordre, un moment troublé par le départ de notre précédente directrice, avait été rétabli et la rentrée se fit tranquillement et même joyeusement. Le mois de Novembre nous apporta cependant une déception : nous ne devions pas voir la Princesse pour sa fête. Elle était à l'hôtel Lambert, mais nous la savions fatiguée et surtout très affligée par la maladie du Prince qui la retenait sans cesse auprès de lui. Nous ne pûmes qu'implorer la bonté et la miséricorde de Dieu pour notre chère bienfaitrice et lui demander le bonheur, la santé pour elle et pour tous ceux qu'elle aimait.

Oh! comme elles furent ferventes et sincères, les prières qui ce jour là montèrent de nos cœurs pleins de reconnaissance et d'affection.

Peu à peu la santé du prince se remit, l'espoir et la joie rentrèrent en même temps parmi nous et pendant les heures de récréation, les murs de la pension renvoyèrent l'écho de nos joyeux éclats de rire.

La fin de novembre inaugura une leçon qui nous fut en même temps une distraction nouvelle : les cours de maintien et de danse. Tous les huits jours, une soirée fut consacrée à ces exercices qui nous délassaient agréablement de toutes nos études ordinaires. Au commencement nous eûmes bien quelque peine à nous initier aux mystères de l'art chorégraphique, mais nous y mimes tant de bonne volonté et d'ardeur, que nous pûmes bientôt passer de la théorie à la pratique et nous eûmes ainsi des soirées charmantes, égayées par la bonne humeur de quelques unes de nos compagnes, dont l'une surtout, Manusia Paszkowicz, a laissé parmi nous le souvenir d'une gaîté vraiment inépuisable.

Au carnaval, agréable soirée, rendue plus agréable par la présence de la princesse. Nous jouâmes deux petites comédies : *le Cousin Pierre* et *la Vieille Cousine*. Puis les danses commencèrent.

Huit de nos compagnes, travesties en fermières du temps de Louis XVI et en patissiers coiffés de hauts bonnets, dansèrent un *menuet* qui réussit à merveille.

Lorsque les danseuses vinrent se ranger devant la princesse pour terminer le *menuet* par une belle révérence, elles furent reçues par des applaudissements et un « merci! » qui les récompensèrent largement de la peine qu'elles avaient prise.

La meilleure partie de la soirée allait commencer, nous allions avoir le bonheur de passer quelques heures avec notre chère princesse, de causer avec elle, de l'entendre s'adresser avec bonté à chacune de nous. Aussi lorsque vers minuit, la princesse se leva pour nous quitter, un même mot s'échappa de toutes nos lèvres : « déjà fini! »

Déjà fini en effet, car à cette joyeuse journée, devaient en succéder de bien douloureuses, attristées par la maladie du prince Ladislas et par celle de la princesse Marguerite.

Le 21 mai, pélérinage annuel à Montmorency. Elle est si triste, cette cérémonie funèbre, célébrée pour tous ceux qui n'ont pas eu la consolation de revoir, avant de mourir, cette patrie à laquelle ils ont tout sacrifié. Après la messe, visite au cimetière et ardentes prières pour ceux qui y reposent.

Le dernier trimestre est entièrement consacré à la préparation aux cours de la Sorbonne. Nous n'aurons point la joie de voir la princesse à notre distribution des prix, mais nous avons la consolation d'entendre proclamer le succès de notre compagne, Manusia Paszkowicz, très brillamment reçue à son examen supérieur et ayant en outre obtenu une médaille d'argent à la Sorbonne.

1892. — L'année s'annonce heureusement. La princesse sera à Paris pour le jour de sa fête.

Pour les personnes qui n'ont pas connu la vie de pension, il semble que cette vie est bien monotone. C'est toujours, en effet, le même cercle d'évènements et de petites fêtes, les mêmes occupations, les mêmes études.

Cependant cette vie ne manque pas de charme ; il est rare de rencontrer une pensionnaire qui au moment de partir définitivement pour affronter l'agitation du monde, n'ait jeté un coup d'œil de regret vers ces belles années laissées en arrière, passées au milieu de maîtresses affectueuses et dévouées, de joyeuses compagnes, sans soucis dans le présent, sans crainte pour l'avenir; ayant pour remplir son devoir l'ardente bonne volonté de la jeunesse.

19 novembre. — La princesse se montre enchantée de notre petite fête qui a débuté par la danse *Krako-wiah.*

C'est la dernière fois, hélas! que nous fêtons si joyeusement la princesse : c'est coup sur coup que les deuils vont s'abattre et nous atteindre en atteignant notre bienfaitrice.

Nous travaillons avec ardeur pour consoler la princesse toujours si tourmentée et inquiète. Plusieurs d'entre nous se préparent aux examens. Cette époque est toujours pleine d'émotions de toute sorte, aussi bien pour nos maîtresses que pour nous mêmes.

Le jour terrible arrive! Après avoir bien pieusement entendu la messe, les aspirantes se rendent, le cœur palpitant, à la fameuse caserne Lobau, muet témoin de tant d'émotions diverses. Pendant ce temps, leurs compagnes, non moins anxieuses qu'elles, apportent la traditionnelle petite veilleuse devant la statue de la Sainte-Vierge et vont tour à tour demander à cette bonne Mère le succès tant désiré.

L'heure de connaître le résultat approche...

Depuis le matin on compte les heures, maintenant on compte les minutes, voir même les secondes. Enfin la petite clochette bien connue résonne! Toutes se précipitent vers l'escalier, car cette petite clochette annonce le succès.

Vite on court embrasser la lauréate ; les félicitations, les remercîments, les questions se succèdent et s'entrecroisent, puis, par un retour subit on se rend toutes ensemble aux pieds de la Vierge bénie pour la remercier de sa protection.

Les examens de cette année ont eu un heureux résultat : trois élèves ont obtenu le brevet tant désiré, à la grande satisfaction de la comtesse, à Paris en ce moment.

1893. — Triste et douloureuse année, marquée par les malheurs qui vinrent jeter un voile de deuil sur l'hôtel Lambert, mais aussi par les nombreux succès qui apportèrent une consolation, bien faible hélas! au cœur de notre chère bienfaitrice.

L'année scolaire s'ouvrit comme elle devait finir, par un deuil...

La princesse Marguerite nous fut enlevée, malgré les prières qui cherchaient à la retenir encore parmi nous. Elle était digne du ciel par sa piété, son exquise bonté, sa vie remplie de vertus et de bonnes œuvres. Le ciel l'a reprise, laissant inconsolés sur la terre ceux qui avaient eu le bonheur de vivre près d'elle ou de la connaître ici-bas.

Notre tristesse s'accrut de celle de la comtesse, nos récréations autrefois si joyeuses, si animées, devinrent silencieuses. L'approche de la fête de la princesse ne produisit même pas cette joie qu'elle nous causait d'habitude. Comme elle fut triste cette fête en effet, pour les anciennes surtout, qui se rappelaient les soirées où elles voyaient auprès du visage grave et pleine de bonté de notre chère bienfaitrice, la douce figure de la princesse Marguerite.

Le jour de l'an arrive à son tour, enveloppé de la même tristesse. Puis peu à peu, sans que rien pût combler les vides, nos occupations de chaque jour firent diversion à ce deuil. Quand arriva le temps du carnaval, nous décidâmes en grand secret qu'on préparerait une jolie petite représentation pour faire une agréable surprise à mademoiselle Glaudin, si bonne pour ses enfants. En conséquence, les répétitions commencèrent très mystérieusement, puis la préparation des décors. Mademoiselle feignait de ne rien voir et parut très surprise en recevant une lettre merveilleusement calligraphiée, l'invitant en termes pompeux à une soirée littéraire et musicale, suivie d'une féérique représentation.

Tout réussit à souhait, la pièce fut jouée avec entrain et suivie d'un tableau vivant représentant la *Pologne* et l'*Ange de la Consolation*; tableau un peu voilé par le mauvais vouloir des feux de Bengale. Mais les spectateurs se déclarèrent satisfaits !

Avec le carême commença la saison des concerts.

Une fois par semaine, parfois plus souvent, quelques pensionnaires se rendaient à la salle Erard pour entendre un artiste célèbre. Ces concerts nous offraient un grand intérêts, surtout si l'artiste était Polonais.

21 mai. — Cette journée a été des plus sombres. Ce-

pendant quand la cloche s'est fait entendre, nous invitant à quitter nos lits, le soleil était déjà haut sur l'horizon et le ciel assez pur. Vers 8 heures nous partons pour la gare du Nord où nous trouvons beaucoup de personnes faisant partie de la colonie polonaise.

Pendant le trajet de Paris à Enghien, plusieurs de nos compagnes tirent les livres qu'elles ont apportés pour ne point perdre de temps, mais je n'en connais qu'une qui ait étudié vraiment; les autres préfèrent jouir de leur jour de congé. Il est à peine 10 heures, lorsque nous arrivons à Montmorency. Nous visitons l'église, admirons les vitraux qui datent du Moyen-Age, le buste du prince Czartoryski, les tombeaux de Niemcewicz et de Kniaziewicz, puis nous prions pour nos compatriotes défunts en attendant la messe qui se célèbre à 11 heures avec solennité.

Cette journée, transformée par l'habitude en partie de plaisir, est très assombrie par la pluie qui tombe sans cesse. Nous en prenons notre parti, et cela ajoute pour nous au pittoresque : le plaisir est plus original quand on se promène sous la pluie... C'est dans ces sentiments que nous arrivons à l'*Ermitage*, demeure chantée par J.-J. Rousseau.

La situation en est très belle, c'est un agréable petit pavillon en bois, autour duquel se développe un horizon qui doit être charmant quand il n'est pas voilé par la pluie. Nous ne pouvons déjeûner en plein air, mais faisons grand honneur cependant aux provisions que nous partagent madame Bouvier et mademoiselle Marie-Louise.

La pluie ne cesse de tomber que lorsque nous sommes dans le wagon pour le retour; mais ce n'est qu'une éclaircie et lorsque vers 6 heures nous revenons à la pension, la pluie tombe encore. Nous sommes un peu lasses et mademoiselle nous supprime nos leçons du lendemain.

Notre journée est malgré cela bien remplie, nous avons deux professeurs : mademoiselle Cytowicz et madame Korzeniowska qui viennent nous donner nos leçons de piano et d'anglais. De force très différente nous formons trois classes pour l'anglais qui est très sérieusement travaillé.

Notre dernier trimestre est bien rempli par la préparation aux examens de toute sorte. C'est la Sorbonne qui inaugure la série des émotions.

Pendant deux semaines plusieurs d'entre nous allaient prouver par leurs compositions écrites qu'elles avaient su profiter de l'enseignement qu'elles avaient reçu et tenter d'enlever quelques-unes de ces médailles tant désirées. Puis vinrent les examens pour le brevet élémentaire. Dans quelle émotion se passent les journées d'attente, avant d'en connaître le résultat !

C'est Marie Butharowska qui, la première, nous tient en haleine. Nous sommes sûres de son succès mais, après la première épreuve elle doute d'elle-même et son inquiétude nous gagne. Aussi avec quelle joie nous accueillons son succès qui inaugure toute une série d'heureux résultats ! quatre élèves réussissent à leur examen et, parmi elle, une grande Polonaise, arrivée depuis deux ans.

C'est mademoiselle Glaudin qui prépare elle-même les élèves aux examens et tous nos succès sont le résultat de ses efforts. Le travail à l'aiguille, dans lequel nous brillons aussi, est dû aux conseils et à la bonne direction de madame Bouvier.

Depuis que l'enseignement religieux a été supprimé du programme universitaire, mademoiselle Glaudin, notre directrice a, pour y suppléer, inauguré les examens spéciaux de religion, à la préparation desquels elle donne tout son temps et auxquels les jeunes filles de la pension présentées jusqu'à ce jour ont pleinement réussi.

Mais la joie que nous cause tous ces succès, a été assombrie par une bien triste nouvelle : le prince Ladislas, le frère bien aimé de notre chère bienfaitrice, se mourait, atteint d'une maladie dont il souffrait depuis bien longtemps. Combien de prières ferventes avons-nous adressées au ciel pour détourner cette terrible épreuve.

Et cependant Dieu a permis que cette nouvelle douleur vînt s'ajouter au calice d'amertume de notre bien aimée princesse. Au moins avons-nous fait tous nos efforts, afin de la consoler un peu par notre application et nos succès qui, lui sont annoncés à la fin de l'année.

Un brevet supérieur (Hélène Salutzyńska), 4 brevets élémentaires; puis six diplômes élémentaires de religion obtenus avec mention honorable, un diplôme supérieur de religion et deux autres diplômes semblables avec mention honorable, sans compter les médailles et mentions à la Sorbonne, dont l'une est une médaille de vermeil, remportée pour la première fois par la pension. C'est à la rentrée de novembre de 1894 que M. Levasseur, président de l'association de l'enseignement secondaire des jeunes filles, a décerné à Alexandrine Barkłowska la médaille de vermeil pour quatre premières médailles et une troisième. Blanche Piechocka a obtenu deux deuxièmes médailles et Hélène Salutryńska, une première médaille et une seconde. Sophie Sawicka, une grande Polonaise, malgré la difficulté que lui présentait la rédaction de devoirs en français, a remporté la première médaille d'astronomie.

III

Plan des études à la pension. — Nous sommes actuellement dix-huit élèves dont voici les noms :

Division du brevet supérieur : Hélène Salutryńska,

Blanche Piechocka, Alexandrine Barkłowska, Marie-Louise Butharowska.

Brevet élémentaire : Jeanne Zarzecka, Jeanne Narkiewicz, Jeanne Piechocka, Wanda Lewenhard, Edvige Bolikowska.

Division des grandes polonaises : Marie Trawińska, Marie Trampczyńska, Marie Sokolnicka, Céline Labujewska, Nathalie Gaszlowtt.

Quatrième division : Sophie Büttner, Henriette Zwierska, Marie-Antoinette Rybińska, Hedvige Alchimowicz.

Nous apprenons à l'Institut tout ce qu'il est nécessaire de savoir pour posséder une instruction complète et variée.

Nous sommes partagées pour les études en quatre divisions. La première comprend les élèves qui se préparent à l'examen supérieur, la deuxième est la division préparatoire à l'examen du brevet élémentaire, la troisième est formée par les grandes Polonaises, c'est-à-dire par les jeunes filles qui viennent à l'Institut pour apprendre la langue française et qui n'ont à passer aucun examen. La quatrième division comprend les plus jeunes élèves de la pension, celles qui ne doivent se présenter à l'examen que deux ou trois années plus tard.

Le programme des études varie suivant les divisions, cependant il est certaines matières que nous apprenons toutes : ce sont l'Instruction religieuse et le Polonais.

L'instruction religieuse, car c'est un devoir sacré pour toute chrétienne de connaître sa religion ; le Polonais, car il serait honteux que des Polonaises ne connussent pas la belle langue de leur pays. Certaines élèves il est vrai parlent cette langue depuis leur plus tendre enfance mais alors elles apprenent à la traduire avec facilité et élégance. L'instruction religieuse comprend l'étude du Catéchisme, de l'Histoire Sainte, de l'Histoire Ecclésiastique.

Depuis quelques années, des examens de religion ont

été institués à Paris par Monseigneur Richard archevêque de cette ville. Ces examens ont été mis en usage
à l'Institut au commencement de l'année 1894. Ils comprennent le brevet élémentaire et le brevet supérieur,
l'examen élémentaire est oral; il se compose de questions sur le dogme, la morale, la grâce et les sacrements, l'Histoire sainte et la géographie de la Palestine.

L'examen supérieur comprend ces mêmes questions,
plus l'Écriture Sainte et l'Histoire de l'Église et un sujet écrit formé de deux questions, l'une sur le dogme
ou la morale, l'autre sur la grâce et les sacrements.

Les élèves de la première division ont passé l'année
précédente, quand elles étaient dans la division du
brevet élémentaire, les examens de religion; l'instruction
religieuse se borne alors pour elles à la lecture de l'é-
vangile chaque dimanche, à l'assistance aux instructions qui ont lieu à l'église et aux lectures de piété
qui se font à la pension.

Les élèves de la seconde division apprennent le catéchisme, l'Histoire Sainte, l'Histoire Ecclésiastique et
préparent ainsi les examens de religion qu'elles doivent
passer à la session de juillet. Elles travaillent en même
temps pour l'examen élémentaire de l'Hôtel de Ville que
l'on passe au mois de juin et c'est après avoir remporté
une première fois la palme du succès que les jeunes
lauréates se présentent à l'examen élémentaire de religion; s'il est possible, si elles ont assez de loisirs pour
préparer le vaste programme du brevet supérieur de
religion, elles passent également cet examen dont la
session a lieu quelques jours après l'examen élémentaire ; sinon, elles le réservent pour l'année suivante.

Les grandes Polonaises étudient aussi le Catéchisme,
l'Histoire Sainte, l'Histoire Ecclésiastique et l'Ecriture
Sainte ; quelques-unes d'entre elles passent également
les examens de religion.

Malgré les difficultés d'une langue qui n'est pas la

leur, elles réussissent toujours et soutiennent ainsi la bonne réputation de l'Institut.

Les élèves de la quatrième division apprennent le petit Catéchisme du diocèse de Paris et le grand Catéchisme de l'abbé Cauly, l'Histoire Sainte, l'Histoire Ecclésiastique.

· De plus les élèves de la division du brevet élémentaire, les grandes Polonaises et les élèves de la quatrième division font chaque semaine une analyse religieuse qui est corrigée par monsieur le Curé et qui leur donne droit à la fin du Catéchisme de persévérance, selon leur nombre et leur mérite, à de très beaux prix.

Enfin pour terminer notre enseignement religieux, nous assistons toutes à une instruction faite à l'institut tous les samedis par un Père oratorien.

Après l'étude de notre religion, celle qui nous est la plus chère, est l'étude du polonais, qui comprend l'étude de la langue, de la littérature polonaise et de l'histoire de Pologne.

Nous sommes partagées pour l'étude du polonais en quatre cours.

Le quatrième cours comprend les jeunes débutantes, celles qui n'ont qu'une bien légère connaissance de la langue. Ces élèves apprennent les prières en polonais, les éléments de la grammaire, les déclinaisons, les mots usuels de la conversation et de petites fables.

Le troisième cours est formé des élèves qui ont déjà un certain acquis de la langue polonaise. Elles apprennent la grammaire plus en détail, les déclinaisons, récitent quelques vers polonais et commencent à entretenir une petite conversation.

Chaque semaine les élèves, du troisième cours ont une leçon avec le professeur de polonais et deux répétitions avec une grande Polonaise. Les élèves du second cours sont les jeunes filles qui parlent couramment le

polonais et qui l'écrivent avec facilité. Parmi ces
élèves, quelques-unes sont nées en Pologne et ont toujours parlé la langue polonaise. D'autres ont commencé
à l'étudier à l'Institut et sont parvenues, grâce à leur
application, à s'exprimer aisément dans la langue de
leurs pères. Le deuxième cours a aussi chaque semaine
une leçon avec le professeur de polonais; elles récitent
des vers de quelques-uns des grands poètes de la Pologne, elles apprennent les règles de la grammaire et
font un devoir qui est ordinairement un devoir littéraire.

Le premier cours comprend les grandes Polonaises,
c'est-à-dire les jeunes filles qui viennent passer quelques années à l'Institut pour apprendre le français et
qui ont toujours vécu en Pologne. Ces élèves font des
traductions françaises toutes les semaines pour le professeur de polonais et apprennent des vers des grands
poètes français.

Nous étudions toutes, petites et grandes l'histoire de
notre pays ; nous apprenons à connaître les exploits et
la bravoure de nos ancêtres et ce n'est pas sans une
grande émotion que nous lisons les récits de l'héroïsme
sublime qu'ils ont déployé dans cette lutte sanglante où
ils devaient perdre leur indépendance. La vue de leur
courage et leur fierté sous la main de leurs oppresseurs
nous donnent l'espoir que ces exemples, ces traditions
de vertu porteront leurs fruits et qu'un jour nous pour-
rons reconquérir notre Pologne, la voir libre et heureuse. C'est ainsi que l'histoire entretient le patriotisme
dans nos cœurs.

Dans l'étude de la littérature polonaise, nous apprenons à admirer les beaux génies et les grands hommes
qui ont fait la gloire de la Pologne. Les plus jeunes
élèves qui ne sont pas encore en état de comprendre et
d'apprécier les beautés littéraires des poèmes polonais
sont seules dispensées de cette leçon qui pour toutes les

autres est pleine d'attrait. D'ailleurs, le cours de littérature est fait d'une façon fort intéréssante par notre professeur de polonais. Nous. écrivons et nous apprenons
d'abord la biographie des auteurs polonais, puis notre
professeur nous fait la lecture ou l'analyse de leurs
œuvres. Enfin tous les trimestres, des concours viennent
rendre compte de notre application et de nos progrès.

Après le polonais, viennent les études de français
proprement dit: c'est à dire de la grammaire, de l'histoire,
des sciences. Les élèves de la division du brevet supérieur étudient la littérature en détail, spécialement les
auteurs indiqués dans le programme de l'examen. En
fait de sciences elles apprennent la Physique, la Chimie
l'Histoire Naturelle, puis l'Histoire générale, la Géographie et les Mathématiques qui comprennent l'Arithmétique, la Géométrie, l'Algèbre, la Comptabilité. En
dehors du programme de l'examen supérieur, elles apprennent la Mythologie et l'Hygiène.

Les études de la division du brevet élémentaire se
composent de la grammaire française, de l'orthographe,
de la calligraphie, de l'histoire de France, de la géographie de la France et les colonies qui lui appartiennent; quelques notions de géographie générale et de
littérature.

Les grandes polonaises dont la plupart ont passé leurs
examens en Pologne avant d'arriver à l'Institut n'apprennent ni les Mathématiques, ni les Sciences, ni la
Géographie, elles étudient spécialement ce qui est du
français : la grammaire et l'orthographe françaises,
l'Histoire de France, la Littérature, l'Hygiène, la Mythologie et la Comptabilité.

Les petites élèves de la quatrième division étudient
l'Histoire et la Géographie générales, la grammaire
française et l'Orthographe, la Calligraphie, la Littérature, les Eléments de l'Algèbre et de la Géométrie,
l'Arithmétique.

Les élèves qui se préparent à l'examen supérieur et quelques grandes polonaises suivent en outre les cours de la Sorbonne où chaque année leur travail est récompensé par de brillants succès.

Les arts d'agrément sont également cultivés avec succès à l'Institut. Notre chère bienfaitrice, dans sa bonté, n'a voulu négliger aucune des choses nécessaires à une jeune fille pour posséder une éducation complète et soignée. Nous apprenons la musique, le dessin, la peinture et quelque langue étrangère : l'allemand, l'anglais. L'espagnol est même cultivé par l'une d'entre nous qui connaissait déjà cette langue. La musique est l'objet de soins particuliers. La princesse s'y intéresse beaucoup; elle vient souvent juger de nos progrès dans des concours qui ont lieu à la pension, et ne manque jamais d'adresser ses félicitations à celles dont les progrès l'ont frappée. Les leçons de musique sont données par trois professeurs : mademoiselle Cytowicz et M. Dallier pour le piano, M. Birou pour les leçons d'accompagnement. Ce dernier donne même une leçon de violon à l'une de nos compagne bien douée pour cette étude qu'elle avait commencée avant son entrée à la pension.

Le dessin et la peinture ne sont pas négligés; quelques-unes dessinent et peignent d'une manière charmante. Nous avons chaque semaine une leçon de dessin avec un professeur et à partir de Pâques un cours de peinture tous les huit jours.

L'anglais nous est enseigné par une dame du dehors et l'allemand par les jeunes filles qui viennent des provinces polonaises sous la domination allemande et qui ont dû faire leurs études dans cette langue.

Enfin, pour compléter cet exposé de nos études, nous avons chaque semaine à l'Institut un cours de maintien et de danse, où nous apprenons à acquérir une tenue correcte et élégante. Nous y apprenons aussi les figures

variées du quadrille, le pas de diverses danses, dont
nous tirons profit chaque fois qu'il y a une petite fête
ou une petite réunion à l'Institut.

IV

Nous terminons ce recueil par les lignes suivantes
que nous a remises une de nos jeunes compagnes. Bien
qu'elles soient le résumé très succinct de choses dites
déjà, nous croyons devoir reproduire les sentiments
qu'elles expriment :

C'est avec le cœur rempli de reconnaissance que je
viens participer à mon tour à l'histoire de l'Institut Polonais de l'Hôtel Lambert. Bien que cette tâche soit au-
dessus de mes forces, j'essayerai du moins d'ajouter
quelque chose à ce que mes compagnes ont commencé.

J'aurais choisi avec plaisir de décrire les longues
années si douces que j'ai déjà passées à l'Institut, mais
je crains de ne pas être assez exacte et de changer
peut-être un peu des évènements que d'autres ont vus
comme moi. Aussi je vais tâcher de faire admirer une
fois de plus le noble dévouement de celle qui a fondé
l'Institut Polonais et d'en montrer le but élevé.

La Pologne avait déjà souffert bien cruellement, et
d'autres tourments lui étaient encore réservés lorsque fut
établie cette œuvre admirable. Les émigrés venaient en
foule chercher un refuge en France où ils étaient accueillis avec une sympathie et un empressement des
plus sincères. Mais la pauvreté les avait suivis sur la
terre d'exil, et ces hommes héroïques qui avaient abandonné leur Patrie, et qui nourrissaient au fond de leur
cœur le doux espoir de la voir se relever un jour,
étaient dans l'impossibilité de faire instruire leurs
enfants.

C'est alors qu'une personne de rang illustre, la Princesse Anna Czartoryska eut l'idée généreuse de fonder

une pension pour les jeunes filles des émigrés. Elle ne négligea rien pour donner à ces enfants, en même temps qu'une instruction solide, les principes destinés à en faire des femmes accomplies.

On put un moment craindre de voir s'anéantir à jamais cette œuvre, lorsque la mort eut enlevé la bienfaitrice de tant de jeunes filles. Mais la Comtesse Dzialyńska, fille de la Princesse Anna avait hérité des nobles sentiments de sa mère. Elle adopta l'Institut Polonais et considérant comme un devoir sacré de continuer ce que sa mère avait commencé, elle s'adonna entièrement à ses jeunes élèves.

Les pensionnaires vivent à l'Institut d'une vie de famille, toutes sont sœurs, la Princesse Iza s'intéresse à elles de tout son cœur, leurs succès font sa joie, et, elle ne dédaigne pas de se mêler parfois à leurs jeux.

La religion et l'amour de la Patrie sont la base de l'enseignement. Les maîtresses, qui sont de véritables mères pour les élèves, s'appliquent à élever leurs âmes et à leur inspirer l'amour de la vertu. Elles les fortifient contre le mal et les préparent à subir glorieusement la lutte que la vie leur réserve plus tard. Toutes sortent de l'Institut Polonais de l'hôtel Lambert fortement trempées et prêtes à accomplir leur devoir sans faiblir.

La Patrie absente n'y est pas oubliée; la langue polonaise, la littérature et l'histoire de Pologne y sont étudiées profondément et entretiennent dans le cœur des jeunes filles l'amour de cette patrie lointaine que le monde ne connaît plus mais qui existera éternellement pour un Polonais. A la pension, notre vie toute entière peut se résumer en trois mots: Travail, Affection, Reconnaissance.

DIRECTRICES DE L'INSTITUT POLONAIS

Madame Szokalska................   de 1845 à 1851
Mademoiselle Rouquayrol.........   de 1854 à 1868
Mademoiselle Letellier............   de 1868 à 1876
Mademoiselle Gasztowtt ....   de 1876 à 1877
Mademoiselle Gaudry.............   de 1877 à 1881
Mademoiselle Bocquillon..........   de 1881 à 1890
Mademoiselle Glaudin ....   de 1890

· NOMS DES ÉLÈVES

AYANT COLLABORÉ A CE RECUEIL

PREMIÈRE PARTIE

Madame Suchodolska, (Caroline Czajkowska) à qui nous devons les intéressants souvenirs de la période de fondation de l'Institut.

Madame Żukowska (Sophie Kałużyńska).

Mesdemoiselles Inès Noińska, Marie Obalska.

Madame Korytko (Joséphine Karwowska).

Mademoiselle Marynia Karwowska.

SECONDE PARTIE

Madame Dupuis, (Hélène Zaborowska).

Mesdemoiselles Marie Piędzicka, Françoise Nagajska, Adamine Karwowska.

TROISIÈME PARTIE

Madame Łącka (Marie Gregorowicz).

Mesdemoiselles Juliette Gasztowtt, Marylka Piechocka, Laure Sawicka.

Mesdemoiselles Marya Zawadzka et Władysława Klepaczewska (pour la partie en Polonais).

Mesdemoiselles Halka Salutryńska, Blanche Piechocka, Marie-Louise Bulharowska, Wanda Lewenhard, Alexandrine Barkłowska.

Le médaillon à la plume est dû au talent de Mademoiselle Nathalie Wiśniewska.

ANNEXE

———

Les souvenirs suivants ont été envoyés trop tard pour être incorporés à l'ouvrage, et avec tout le regret que nous éprouvons de ne les point mettre à la place qu'ils auraient dû occuper, nous reproduisons ici tout ce qui peut, dans ces intéressants récits, jeter quelque lumière sur la vie à la pension.

Ils sont de deux jeunes filles dites grandes Polonaises, venues en France après avoir terminé leurs études, et se rattachent à la direction de Mlle Bocquillon.

———

I

Fragments de mon Journal.

Cracovie, ce 27/9 1887.

Je pars demain ; maman et ma sœur mettent la dernière main à mon trousseau de pensionnaire. Bientôt
mon coffre va être emballé, un dernier baiser d'adieu à
ma famille et puis, — fouette cocher ! Il n'y a que la
bénédiction de maman qui me suivra partout : ce dé-
chirement de cœur que j'éprouve ne sera pas sans fruit
j'espère. Si je travaille sérieusement je ferai de bonnes
études et deviendrai une institutrice modèle. Que le bon
Dieu me permette d'y arriver et qu'il daigne protéger
mon voyage.

Paris, 14/10.

J'ai le temps bien pris depuis la rentrée. Mes compositions d'examen ne m'ont point satisfaite. En général je travaille lentement, ce qui ne s'accorde pas avec le
règlement de l'Institut où il faut faire beaucoup en peu
de temps. Mais lorsque mademoiselle Bocquillon, notre
directrice, me dit : Bon courage, tout ira bien ; ma bonne
volonté me ressaisit.

La princesse Iza n'est pas encore revenue de Goluchow
et ne doit être de retour que pour le jour de sa fête.
Grandes et petites l'attendent avec impatience, et nous
autres, nouvelles, nous écoutons religieusement des
exclamations admiratives de nos anciennes compagnes.
Et moi aussi je voudrais beaucoup voir la princesse et

lui dire combien je suis heureuse de mon admission à l'Institut. C'est vrai que j'ai eu des moments de grande tristesse, de désespoir presque, mais peu à peu le chagrin s'en est allé. Il y a un je ne sais quoi de calme et de recueilli en classe, qui rend heureuse, rien qu'à se mettre à son bureau à l'heure dite et à fermer son livre au son de la cloche. Nos récréations sont gaies : on est si content de causer après le silence de quelques heures.

Depuis deux jours nous préparons la danse Krakowiak pour la fête de la princesse. Dès aujourd'hui nous avons peur, mon cavalier et moi de faire quelque pas disgracieux, ce qui est facile quand on veut les faire trop bien.

Le dimanche, il nous est permis de faire notre correspondance. J'en ai profité pour expédier une grosse lettre à maman. Mais j'étais bien plus tôt à la huitième page de ma missive qu'à la centième partie de mes confidences. J'ai trop vu, trop observé, il m'est impossible encore de tout caser dans ma tête. Dans nos promenades, par exemple, j'ai beau ouvrir les yeux tout grands, bien des choses m'échappent. Nous avons été au Musée de Cluny et au Louvre. Il y a des souvenirs historiques qui ont éveillé en mon âme plus d'un cor merveilleux du moyen âge et ont repeuplé plus d'un manoir en ruines aujourd'hui. Ce n'est qu'après avoir regardé de belles peinture, avoir erré quelques heures dans les galeries du Louvre, que la foule encombrant les boulevards m'a paru trop empressée et trop bruyante, les expositions des magasins rue de Rivoli, trop éclatantes aux regards. Mais dans un géant de ville comme Paris, il doit y en avoir pour tous les goûts.

A l'occasion du jour de l'an, la comtesse Pélagie Branicka a organisé pour nous une loterie dont tous les lots gagnaient. J'ai tiré une jolie bonbonnière ; je ne sais ce qui m'a fait le plus de plaisir, le contenant ou le contenu.

Caroline Berberiusz, la nièce de M. Rustejko est notre esprit fort en théologie. Elle a eu le cachet d'honneur à St-Sulpice et les catéchistes relèvent souvent ses excellents compositions. Ces messieurs ne se font pas scrupule d'écorcher hérétiquement nos noms catholiques, mais chacune de nous se reconnaît bien, à la lecture du compte-rendu, surtout si le cachet est bon. Nous passons nos récréations au jardin. La princesse Rose, petite fille de la princesse Marceline est à Paris avec sa mère, de passage pour Madère, je crois. Elle nous paraît charmante et nous aimons beaucoup voir sa robe gris d'argent se montrer à la fenêtre, car elle vient souvent causer avec nous. C'est le temps de nos examens, elle s'y intéresse et a promis de faire une neuvaine à l'intention de notre succès.

1888. — Je suis au lendemain de ma seconde rentrée. Quelle différence avec l'année dernière! Pendant les vacances, je suis devenue une ancienne et je songe avec pitié à une nouvelle d'il y a un an qui s'est mise à pleurer à chaudes larmes lorsqu'elle a voulu caresser un chat à la manière polonaise. Le minet étant parisien pur sang n'a point compris mes amabilités et sans les écouter m'a tout bonnement tourné le dos. J'avais conclu de là que personne ne saurait me comprendre en France, et cette idée m'était très pénible. Aujourd'hui c'est bien autre chose! J'y reviens tranquille et heureuse. J'aime bien nos chères maîtresses, mes compagnes, et reprends joyeusement ma bonne vie d'étude.

Jour de l'an. — Que je devais avoir l'air ridicule avec ces abominables et indiscrètes larmes aux yeux qui m'ont rendue toute gênée vis-à-vis de la princesse.

Mais le moyen de ne pas avoir le cœur remué par sa bonté ! Elle nous a comblées, selon et au dessus de toutes nos espérances. C'est vraiment un bonheur que de pouvoir faire tant d'heureux. Chacune de nous croyait avoir reçu les plus beaux présents : livres, papeteries, nécessaires, bonbonnières et autres bibelots tous plus charmants les uns que les autres. J'ai, dit-on, la faculté spéciale de jouir de mes plaisirs, mais je la changerais tout de suite contre celle de pouvoir témoigner combien je suis reconnaissante à ceux qui me procurent tout ce bonheur.

— M. Francisque Sarcey a fait une conférence au théâtre de l'Odéon, avant la représentation d'*Athalie* ; je l'ai trouvé très intéressante et beaucoup plus brillante même que celle de M. de la Pommeray qui a traité le même sujet il y a un mois. Notre directrice nous a dit que l'esprit de la conférence n'était pas à la hauteur de l'œuvre ; je suis très fâchée de me connaître si peu en discours académiques.

Distribution des prix. — J'aime bien ce chaos d'impressions de tous genres qu'amène notre grande fête du 26 juillet, commencée par le service funèbre pour le repos de la princesse Anna, fondatrice de l'Institut, terminée au milieu des triomphes scolaires des élèves, qui ne l'ont pas connue, mais qui ont appris à prononcer son nom avec respect et reconnaissance. Je crois que je ne donnerais pour rien au monde ma bonne journée où tout était solennel et cependant empreint de tant de cordialité et de bienveillance de la part de nos supérieurs.

Nous avons joué l'*Étincelle*, pièce composée pour la distribution des prix par madame Duchińska. Quelques jours avant, nous en avions fait la répétition rue de Passy, enchantées de notre excursion.

L'intérieur de notre chère et respectable auteur me laissera pour longtemps une impression très favorable. Je tâchais d'écouter très attentivement un petit cours historio-géographique de M. Duchiński. Il parle de l'Ukraïne avec tant de transport ! Si je suis un jour sur les bords du Borysthène, je dirai à ce coin oublié du ciel, qu'il y a des êtres à l'étranger qui vivent, agissent et meurent avec son doux nom sur les lèvres.

Nos déclamations et nos morceaux de musique ont bien réussi. Des dames, pour la plupart anciennes élèves de l'Institut, nous remettaient nos prix, nos beaux prix dont la pile m'électrise plus agréablement que ne feraient toutes les jolies découvertes de Volta, de Galvani et autres. Les applaudissements redoublaient, lorsqu'on mentionnait plus souvent nos prix, accessits, mentions et médailles.

Et surtout quand la princesse Iza nous regardait d'un air satisfait. Je sentais mon cœur se dilater au point de pouvoir contenir la galerie toute entière avec tous ceux qui s'y trouvaient.

Il y a cependant de la tristesse dans ma joie, je suis à la veille de commencer une autre vie, de dire adieu à mes bonnes amies de pension. Que Dieu me permette d'utiliser dans mon pays ce que j'ai acquis en travaillant à l'hôtel Lambert, cette autre petite Pologne et de rendre aux autres un peu des biens dont j'ai reçu une si large part.

II

On me demande de recueillir mes souvenirs sur les années passées à l'hôtel Lambert. Oh ! le doux devoir et la charmante tâche; se rappeler et faire revivre sous la plume, fût-elle aussi incapable que la mienne, ces moments heureux et calmes, alors que séparée du monde extérieur et de ses tracas par une barrière invisible et pourtant infranchissable, je passais mes journées toutes remplies d'étude, d'amitié, d'innocentes joies.

Parmi les quatres années que j'ai passées à la pension, la plus importante pour moi fut celle où je me présentai à mon examen supérieur.

Nous étions trois : Laure Sawicka, Jeanne Wrześniewka, aujourd'hui religieuse à Auteuil, et Hedvige Karwowska.

Au printemps de la même année j'avais passé mon examen élémentaire. Il me restait donc un an pour me préparer à l'examen supérieur ; mais sous la direction intelligente et éclairée de notre chère directrice les études ne marchaient pas : elles volaient. Elle savait rendre attrayante la science la plus aride, faciliter la tâche la plus ingrate. Aussi quand vient le mois de juillet et l'époque de l'examen supérieur, je me présentai hardiment devant mademoiselle Bocquillon et lui demandai la permission de concourir pour le brevet supérieur. Elle essaya d'abord de me dissuader de ce projet afin de m'éviter du chagrin en cas d'échec, mais je l'assurai que je n'aurais aucune désillusion, puisque ce n'était qu'un essai.

« Eh bien, me dit-elle enfin, il ne faut en rien dire à « notre chère princesse, afin qu'elle n'ait point de décep- « tion si vous échouez ».

Il nous fut d'autant plus facile de tenir la chose secrète, que la princesse était alors à Gołuchowo, et ne se doutait de rien.

La veille du grand jour nous partîmes toutes les quatre pour Versailles, où il avait été décidé que nous passerions notre examen. Je ne connais rien de plus gai dans ma vie que ce voyage. C'était à qui rirait et bavarderait le plus, et notre chère directrice qui sympathisait avec nous dans le chagrin comme dans la joie, n'était pas moins la animée de notre joyeux quatuor.

Nous passâme la nuit à l'hôtel; grand évènement dans notre vie de pensionnaires, et le lendemain matin, après une ardente prière, nous allâmes nous asseoir sur les bancs de l'école dans laquelle avait lieu l'examen.

Un moment de confusion ; on nous indique nos places, puis le silence se rétablit, on nous lit le texte du devoir. Nous écoutons en retenant notre haleine. O bonheur ! qu'entends-je !

« Rappelez l'opinion de Jean-Jacque Rousseau sur les fables de La Fontaine et dites en quoi elle est fausse et exagérée ».

J'aurais choisi moi-même le sujet que je n'aurais pu mieux tomber, car justement la veille, mademoiselle Bocquillon nous en avait longuement parlé et. nous étions sûres de nous-mêmes.

Une fois de plus, j'eus l'occasion de bénir nos chères maitresses qui nous habituaient toujours à écrire le plus vite possible ; ma plume volait sur le papier et j'eus fini bien avant l'heure, de même que pour les devoirs de mathématiques qui suivaient. Après avoir rendu ma feuille, je pus enfin m'échapper de la salle. Je descendis l'escalier comme un ouragan et courus au jardin me jeter dans les bras de mademoiselle Bocquillon qui attendait fiévreuse le résultat, en compagnie des mères et des institutrices, dont chacune tremblait d'inquiétude pour sa candidate. Au premier moment, on crut que ne pouvant pas faire les devoirs, j'avais abandonné l'examen ; mais je les eus vite rassurées.

Quelques unes de ces dames hochaient la tête, un peu scandalisées sans doute de la légèreté avec laquelle je traitais un acte aussi important, mais je voyais mademoiselle partager ma confiance, lorsque je lui racontais ce que j'avais écrit. Mes deux compagnes arrivèrent bientôt et ce fut un feu roulant de questions, de réponses, d'exclamations sans fin. Quant à moi, ma belle humeur fut un instant détruite. On me montre le résultat du problème et je vois que dans mon ardeur j'ai mis une virgule de travers et que mon nombre est dix fois trop petit. Je suis d'abord consternée, mais comme j'ai bien fait le raisonnement, je commence à espérer qu'on me pardonnera peut-être mon étourderie et après tout, je me dis que si j'échoue, j'en serai quitte pour me représenter l'année suivante et je reprends courage.

Nous allons dîner et notre appétit fait la joie de mademoiselle.

Après le dîner c'est le dessin d'après plâtre, heureusement pas difficile, car ce n'est pas mon fort le dessin. Aussi je n'y reste pas longtemps non plus.

C'était assez pour un jour. Nous rentrons à l'hôtel, brisées de fatigue et d'émotion.

Le lendemain, continuation de l'examen jusqu'à midi. Quelques jours se passent dans l'attente.

Un soir, nous étions toutes réunies au jardin, nous voyons sur le balcon qui conduit au jardin, accourir mademoiselle. Elle tient une dépêche et l'agite au-dessus de sa tête. Toutes nous nous précipitons vers elle. D'une voix entrecoupée par l'émotion, elle s'écrie : Reçues toutes les trois ! Au même moment le livre que je tenais en mains, vole en l'air, j'enlève une de mes compagnes et je l'entraîne dans un tourbillon effréné.

Ce qui se passa ensuite, il est difficile de le décrire. Le jardin, si paisible, bien qu'au milieu d'une bruyante ville, vit rarement une plus vive joie, de plus doux épanchements d'amitié. Toutes nos compagnes se réjouissaient de notre succès, car notre pension était comme une nombreuse famille dont tous les membres avaient les uns pour les autres la plus sincère sympathie.

Mais tout n'est pas fini ; il reste encore l'examen oral.

Nous repartons pour Versailles où nous sommes accueillis par M. Martin, notre inspecteur.

L'examen commence et se poursuit pendant de longues heures. Vers le soir tout est fini et nous avons le

bonheur d'entendre nos noms parmi les noms de celles
que couronne le succès.

Enfin nous l'avons ce brevet qui doit nous ouvrir la
carrière à laquelle nous sommes destinées ; le rêve de
tant d'années est accompli.

Il nous tarde d'arriver à la pension pour partager notre joie avec des cœur amis. Là, quelle surprise charmante ! Nos sœurs qui avaient prié toute la journée tour
à tour pour notre réussite, n'ont pas douté un moment
que leur demande ne fût exaucée et elles nous ont préparé une réception triomphale avec des bouquets et des
guirlandes de fleurs, n'admettant pas dans leur amitié
naïve que nous puissions être refusées. Joséphine que
nous appelions plaisamment notre poète, a même composé à cette occasion une pièce de vers dictée par son
cœur que je voudrais citer ici, afin qu'elle sût combien
fidèlement je garde son souvenir. Je n'ose me le per-
mettre, craignant qu'elle ne soit aujourd'hui moins indulgente que nous pour ses essais poétiques de seize
ans.

Notre fête ne fut pas complète hélas ! puisque la princesse n'était pas là ; mais elle envoya à notre directrice
un télégramme ainsi conçu :

« Joie, surprise, félicitations, remerciments ».

L'année suivante, je pus, libre de tout souci, suivre
les cours de la Sorbonne qui furent une grande jouis-
sance pour moi.

Enfin arriva le moment cruel de quitter l'Institut. J'allais revoir ma famille dont j'avais été séparée pendant
quatre ans, mon cœur battait de joie à cette pensée et
pourtant il saignait quand il fallut dire un adieu défi-
nitif à notre princesse bien aimée, à notre chère directrice, àtant de personnes aimées, à toute cette vie enfin
qui a été une chaîne presque ininterrompue de paisible
bonheur.

Je partis, en emportant dans mon âme le souvenir

ineffaçable, et une éternelle reconnaince pour vous, Princesse, ma bienfaitrice vénérée et pour vous, chère mademoiselle, que je nommerai sans hésiter, ma seconde mère. Toutes les deux, l'une par vos soins, l'autre par votre travail, vous m'avez préparé le plus grand bonheur qui puisse exister : celui d'être utile aux autres. Comment vous prouver cette reconnaissance ? Je ne le puis autrement qu'en trasmettant aux jeunes âmes le dépôt sacré du savoir que vous m'avez confié et en accomplissant ainsi vos désirs.

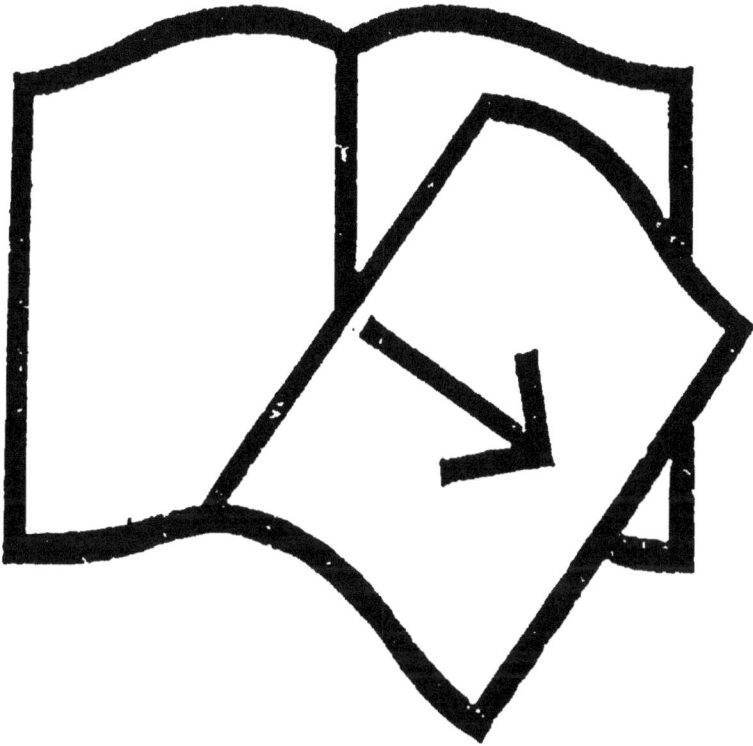

Documents manquants (pages, cahiers...)
NF Z 43-120-13

www.ingramcontent.com/pod-product-compliance
Lightning Source LLC
Chambersburg PA
CBHW072243270326
41930CB00010B/2249